田村淳教你如何

35点男の立ち回り術

受歡迎

日本綜藝天王寫給為人際關係而煩惱的你

田村淳——著
林詠純——譯

什麼是「三十五分男人的逆轉社交術」？

我這個人啊，

不管從哪個部分看都是分數低於平均的「三十五分男人」。

因為沒有才能，所以一直以來都為了拿到及格分數，

為了成為這個世界「還算需要的人才」而汲汲營營。

這本書中，就整理了我的經驗談。

前言
只有三十五分的我，就靠著社交術逆轉人生！

我是個三十五分男人。

假設滿分是一百分，平均分數是五十分左右，我這個人大概就是三十五分吧！

我既沒有特別傑出的才能，也不是大學畢業。個子矮，臉也長得不帥，不管從哪個角度看，分數都低於平均，就連五十分也鞭長莫及，頂多只有三十五分而已吧……雖然要說三十分也可以，但我心裡一直覺得三十分就是不及格的分數，需要留級重讀，把這樣的分數當成自己的出發點也太悲慘了（笑）。

或許有人會說：「小淳看起來不像三十五分啊……明明還算成功不是嗎？」但我只不過是個一邊把分數從三十五分往上加，一邊享受加分過程的男人而已。

各位覺得自己是大約幾分的人呢？

我在中學的時候，開始有三十五分男人的自覺，那時我還住在山口縣的下關。詳細情形之後還會提到，總之，我當時很不擅長與異性說話，就連第一次交往的女孩也對我說：「和你在一起很無聊。」一個禮拜就把我甩掉。

長得不怎麼樣就算了，連話也不會說，我也對這樣的自己感到失望。

於是我看開了。我就是個分數低於平均，低空飛過及格線的男人。三十五分男人就此誕生。

這麼一想，我反而變得積極：「自己全身上下都是缺點，與其不甘心，還不如努力讓自己五分、五分往上加，把缺點補起來。」

接著，**我開始日復一日的思索：「首先，自己可以做什麼努力呢？」我至今依然保持這個習慣。**

既然被女孩子批評「一對一說話很無聊」，那就乾脆嘗試「一對多」，成為帶動團體氣氛的存在，在團體中展現發光發熱的自己！我懷著這樣的想法，徹底扮演好帶動氣氛的角色。這麼做之後，女孩子們會對我說：「田村同學人好好，都會為夥伴著想。」我開始變得受歡迎。

我想，這樣的經驗，對於我現在主持電視節目的工作也有幫助吧！

事實上，小學二年級的時候，我在班上是被霸凌的孩子。這個經驗讓我發現，**如果不為自己而戰，沒有人會為你出頭**。我因為被霸凌而感到害怕，有一段時間在班上變得很低調，所以我知道被霸凌的人需要非常大的勇氣，才能表達出自己討厭被這樣對待。於是我決定主動與被霸凌的人說話，並化身為傳達者，把他們的優點與專長告訴班上其他人。

我想，這個曾經被霸凌的經驗，現在也成為我與通告藝人或來賓一起上節目時，試圖讓他們發揮優點的動力。

我每天都會透過推特或LINE等社群軟體與粉絲交流。有些人看到我在電視節目中主持的樣子，會稱讚我說：「小淳這麼會說話真好！」或是「好羨慕小淳有這麼豐富的知識！」但是，這全部都是「幻想」與「誤解」。

我想透過這本書讓大家知道，即使是像我這樣的三十五分男人，也能運用至今為止在人生中學會的「社交術」，讓自己看起來像是六十分左右的人，獲得過高的評價（笑）。至於我是如何做到的，請看第一章。

在現在這個時代，只要好好擬定網路社交術，就能夠擴大人際關係圈。關於網路社交術，請看第二章。

網路上每天都有粉絲對我提出各種問題，最常見的問題就是：「我該怎麼做才能讓自己更擅長與人溝通呢？」我想，無論是社會人士還是學生，大家一定都很在意自己的頭銜、人氣，還有「別人怎麼看自己」，每天生活在別人的眼光當中。尤其在社群軟體等工具擴大了網路社會之後，我們與任何人都能產生連結，但也正因為如此，我們變得更在意別人眼中的自己。

一般來說，大家寫的留言我都會看，但如果我這個三十五分男人的建議，把各位的人生帶往奇怪的方向，我也負不起責任，所以我很少回覆。第三章我就試著用自己的方式，回答到目前為止常見的問題。

最後的第四章，整理了我在《日經娛樂！》雜誌連載的專欄「田村淳的日本異論·激論」。除了專欄內容之外，也加上現在回顧當時文章的所想、所感，請各位一併閱讀。

女孩子口中無趣的男人、被霸凌的孩子、三十五分男人，這樣的我將透過這本書告訴大家，讓我愉快的擁有現在這一點成績的社交術。如果我的經驗能夠啟發各位，讓各位思考「赤裸裸的自己是幾分」，並且嘗試發揮社交術，讓自己的分數五分、五分往上加就好了。

——田村淳

Contents

Chapter 2 ——利用網路社交術，擴大人際關係圈！

Chapter 3——開放提問！回答大家的社交困擾

Chapter 4
——田村淳的日本異論・激論

Chapter 1

從被欺負的孩子，
到成為搞笑藝人，
我在這一路上學到的社交術！

我成了班上被霸凌的人……

我生長在山口縣下關市，一座名叫彥島的小島。小時候就讀當地的小學，剛上一年級、二年級時，是個活潑有朝氣的孩子，讀書還算認真、跑步很快，也很擅長運動。

但是，就在二年級即將結束的時候，我突然跌落谷底。原本活潑的我，一下子成為被霸凌的孩子。

「我為什麼會被霸凌呢？」我雖然想過這個問題，但是直到今天依然沒有答案。或許是因為自己太活潑，才會成為班上同學的眼中釘；也或許是因為一個班級中，霸凌的對象本來就會不斷改變，只是剛好輪到我而已，其實誰都有可能。總而言之，小學二年級的我，突然開始遭到同學嚴重霸凌。

某天我到學校的時候，班上同學突然拿板擦拍我，搞得我全身都是粉筆灰。我原本以為只是惡作劇，等我坐到自己的位子上，打開抽屜，發現抽屜裡被塞滿了營養午餐吃剩、還發黴的麵包。黴菌蔓延到放在抽屜的課本和筆記本，變得又髒又臭。大家看到這幅景象都哈哈大笑。

如果是現在，我就能輕鬆帶過：「喂，你們這些傢伙，這是怎麼回事？快收拾乾淨啊！」但是當時的我，對於突然開始遭到霸凌太震驚。我非常害怕，無法質問任何人，也不知道該問什麼。我唯一能做的，只有默默低下頭，噙著眼淚忍耐。

這樣的霸凌，持續了長達半年……

自己不採取行動，什麼也不會改變

我問自己：「要怎麼做，才能結束這種不甘心的狀況？」

不管我怎麼想，也想不透自己為什麼會被霸凌，而且看樣子誰也不會來救我。我用小學二年級的小腦袋瓜絞盡腦汁得到的結論是：「如果自己不採取行動，霸凌就不會結束！」

給我這個啟發的是電影明星——成龍。在我小學二年級、一九八〇年左右，成龍的電影非常受孩子們歡迎。他的電影很多都是原本軟弱的主角經過修行，慢慢變強，最後達到顛峰位置，讓周遭的人刮目相看的故事。

我看了他的電影後心想：「我也要像成龍一樣，擺脫弱者的角色。」雖然長大之後回想起來，覺得這個想法也太過單純，但當時還是個孩子的我，可是非常認真。

我下定決心：「好，我也要像成龍一樣，把那些壞蛋打得落花流水！」並且擬定計畫。

如果是成龍的電影，本來應該經過嚴格的修行才會踏上復仇之路，但我完全跳過這個階段（笑）。

我先到附近的居家用品店，買了兩根圓木棒，以及鎖鏈和螺絲釘。回到家後，我把兩根木棒削短，再用螺絲釘鎖在鎖鏈上，做出有樣學樣的「雙截棍」。

隔天早上，我就到學校展開行動。我一走進教室，就開始揮舞這個自製雙截棍，同時大聲叫喊，吸引大家的目光。我在心情上完全把自己當做成龍了。

當然，暴力是不對的，但我就是想讓大家知道：「不要再欺負我了！」我無論如何都要擺脫霸凌。大家明顯有接收到我的怒氣，班上同學都退到教室牆邊，圍成一圈，帶著不可思議的眼光，遠遠觀望處在「發飆」狀態又快哭出來的我。我走向他們，特別是霸凌我的那個人，我就用這個自製雙截棍打他的頭。

事情最後演變成一場大騷動。我被老師嚴厲訓斥，雙截棍當然也被沒收了。

當天晚上，被我打的同學和家長來家裡抗議，出面處理的是我老媽。

老媽一向很嚴格，我原本以為自己一定會被罵、被逼著低頭道歉。但是那次老媽很酷，她沒有跟對方低頭，而是表示：「打人雖然不對。但您的孩子會被打，表示孩子們之間應該發生了某些事情吧？」我聽了很感動，也對老媽肅然起敬。

直到今天，我經常挑戰新事物，有時也會與公司或經紀人硬碰硬。但是，如果自己不主動採取行動，什麼也不會改變。

那場「雙截棍騷動」，讓我體驗到，**反抗能夠改變人生，所以我會不斷試著積極爭取。我當然會害怕失敗，但如果不試試看，誰也不知道結果吧！**那次的霸凌經驗，成為一個契機，帶給我總是積極向前的勇氣。

看起來很拙也沒關係，行動就對了

我的小學生活從「雙截棍騷動」的隔天開始變得截然不同。

我的待遇一下子改善了。本來不跟我說話的同學，突然來找我說話，大家明顯對我另眼相看。這雖然是不太推薦的方法（笑），但該說是宣傳的重要性嗎？總而言之，在雙截棍事件中，我將「這傢伙發飆可是會很恐怖的」這樣的氣氛，非常簡單明瞭的傳達給全班同學知道，我想效果相當顯著。

大家開始聽我說話了，而且不管我做什麼，都沒有人會說三道四。

於是，我取得了可以若無其事的與其他被霸凌的孩子說話的地位。

一般來說，大家都會擔心和被霸凌的孩子交朋友，自己也會遭到霸凌。但是現在我不管做什麼，都不會有人多說一句話。

不是每個被霸凌的孩子都能像我一樣揮舞雙截棍，所以，我想積主動找他們說話，幫助他們度過愉快的校園生活。我自己非常了解被霸凌的痛苦，被霸凌的孩子會因為害怕而退縮，不敢與任何人交談，但是，只要試著和他們聊聊，就會發現他們每個人都有各自的專長。

我會用全班都聽得到的聲音告訴大家：**「哇！沒想到這傢伙還有這個優點！」**雖然沒有人拜託我，我卻主動挑起代替被霸凌的孩子向其他人展現自己的任務（笑）。我會把「〇〇同學很會畫畫呢！」這種事情大聲告訴全班同學。

這樣的行動開始一段時間之後，我發現班上的女孩子看我的眼光與態度也不一樣了。這雖然並不是我這麼做的目的，但我的評價開始上升，女同學會稱讚我：「田村同學好厲害！居然知道他有這個優點。」

這也是讓我發現「幫助弱勢的人說出他們的優點，就能受到女孩子歡迎」的最初體驗。

告訴大家被霸凌同學的優點，不僅讓我受到女孩子的歡迎，還提升了我在校園裡的形象。我雖然在小學二年級的時候被霸凌，但是在四到六年級的時候，在老師與同學的推薦之下，成為班長、兒童會長候選人，最後還選上了。大家都說：「田村同學很適合這個工作呢！」

當時我提出的政見是：「雖然不可以在走廊上奔跑，但也有必須跑起來的時候！」各位不覺得這個同時考慮到老師與學生立場的政見，很像我會提出來的嗎？（笑）這條政見大獲學生好評，讓我在兒童會長選舉中勝出。

我一直覺得，還好小學二年級的時候我沒有持續忍受霸凌。我靠著自己的方式脫離霸凌，並且開始與被霸凌的孩子們交談，在這樣的過程中，我發現每個人都有各自的優點和有趣的地方。我打聽、發掘別人的優點，並且告訴大家。這麼一來，周遭的人也會對這樣的我另眼相看，給我支持。

先聽別人說話，別人也會聽你說話。直到今天，這都是我主持電視節目時，努力做到的社交術。小學時的我在無意間領會了這個至今依然適用的寶貴技巧。

短暫的「玫瑰色時代」

我熱心找出每個人的長處，這樣的我獲得班上同學的好評，還當上班長，迎來「玫瑰色時代」。我開始收到大量女孩子送的情人節巧克力。只要是男孩子，每個人都會在意情人節那天，在學校能不能收到女孩子的巧克力吧？

我雖然沒有特別喜歡吃巧克力，但老媽很喜歡。為了報答老媽在「雙截棍騷動」中，霸凌我的同學與家長來家裡抗議時，為我挺身而出，我也想盡量多帶點巧克力回家，讓老媽開心。當時的我懷著這個不純的動機（笑），全力處理班長與兒童會長的工作。

如果這個無比幸福的小學高年級時代可以一直持續下去就好了……

然而，升上中學之後，我的學校生活急轉直下。簡單來說，我變得完全不受女孩子青睞了。

我就讀的中學收當地三所小學的畢業生，單純計算的話，學校裡有三分之二的女孩子沒聽說過「雙截棍騷動」，也不知道我擅長發現大家的長處的「實績」，我幾乎必須從零開始重新取得同學們的信賴。再加上我在英語這個新的學科上遭遇挫折，小學時候還算過得去得成績，到了中學變得一蹋糊塗。

相較於玫瑰色的小學高年級時代，升上中學，我就變成了不怎麼起眼的學生了。

不可思議的是，小學時候把我捧上天的女同學，上了中學之後，就算我主動打招呼，她也像看到陌生人一樣完全無視。送我巧克力的女孩子，也突然變得冷淡。從那個時候，我開始了解女孩子善變的可怕（笑）、人生的嚴峻，以及不再被當一回事的恐懼。

小學時曾經當上兒童會長的我，上了中學之後開始焦急；「如果不隨時拿出新東西，很快就會遭到厭倦、被人拋棄……」這樣的不安，一直延續至今。我常常問自己：**「我有帶給這個世界什麼新東西嗎？」**可能就是因為中學時女孩子完全不把我當一回事的恐懼，至今依然是我的創傷吧。

後來，我在社團活動中找到了自己活躍的舞台。

我加入的是籃球隊。這所中學的籃球隊很強，我拚命努力，最後好不容易成為後衛這個防守位置的主力球員。但是路程非常險峻。

社團的顧問老師，是位名叫藤井的體育老師。該說是魔鬼教練嗎？總之是個非常可怕的人（笑）。他對籃球太過熱情，我們接受的是斯巴達式的管教，三百六十五天都是扎扎實實的嚴格訓練，就連過年也要練習。

但是，這位藤井老師後來成為我的人生導師，真是世事難料啊！

三十五分男人的自覺

我在小學高年級的時候，曾經兩手提著裝滿巧克力的紙袋回家，但是升上中學之後，就與巧克力絕緣了。不過，我努力在籃球隊奮戰，個子矮、長相也差強人意的我，還是在三年級時交到第一個女友。

我的初戀女友是韻律體操隊的同年級女孩。韻律體操隊總是和籃球隊一起在體育館練習，我對她一見鍾情。她的形象與當時的熱門漫畫《鄰家女孩》中的女主角淺倉南重疊，練習彩帶與體操球的身影看起來相當耀眼。

我不敢向這麼耀眼的她告白，還是請好友代勞。儘管告白過程窩囊，但她還是點頭答應。我知道後高興得要命，整個人都飄飄然的。

於是，我們開始交往。雖然說是交往，但也只不過是在社團活動結束後碰面，一起回家而已（笑）。就算這樣，我還是非常開心。但是，這麼想的只有我而已……

僅僅一個禮拜，她就說：「我們分手吧。」我問她原因，她囁嚅著說：「因為，和田村同學在一起，一點都不開心。」

這讓我大受打擊，雖然我很開心，可是她並不這麼想，而我卻不懂她的心情……

被甩是一個打擊，但更大的打擊是，從前在班長、兒童會長選舉，或是籃球比賽等場合中，我總是身處在團體的中心，擅長在眾人面前說話、帶動氣氛，但是一旦和女生獨處，光是要控制自己的情緒就耗盡全力，沒有多餘的心力傾聽對方的心情。我很後悔沒有發揮自己擅長的、能夠引出別人優點的談話技巧。

「和你在一起，一點都不開心。」被喜歡的女孩子這麼說，讓我一度跌落谷底。在中學三年級這個多愁善感的年紀，就被迫面對嚴峻的現實，反正我就是長得不高、不帥，連講話都很無聊……

但與此同時，我也心生反抗：「我才不會就這麼認輸！」

那次的失戀，讓我有了「我無法變成一百分」的自覺。就某種意義來說，算是看開了。我覺得，**看開的人是最強大的**。

這時我開始思考：「那麼，我是幾分的男人呢？」

不要說一百分了，無論外表、體格、學力、家世，從任何一點來看，都連一半的五十分也不到，我頂多只有三十五分而已。

認清這點之後，我把自己定位為「三十五分男人」，並且把目標鎖定在該採取什麼樣的行動與態度，才能把分數提高，即使只是再多五分也好。

因為自己什麼也沒有，能利用的，就只社交術。**我只能找出適合自己的社交術，一點一點的強化自己。**

就這樣，我開始從「加分」來思考。

挨罵也有技巧！贏得對方信任的社交術

我有了三十五分男人的自覺之後，首先覺得，我應該在自己做得到的事情上努力，所以更積極投入自己喜歡的籃球。我要把像魔鬼一樣恐怖，生氣時甚至會動手揍人的藤井老師當成練習對象，磨練自己的社交術。

就這樣，「得到老師的認可」成為我的目標。

藤井老師常常怒吼，在允許體罰的年代，我們也常常挨揍（笑）。老師生氣起來非常恐怖，打人也很痛，所以我當然希望能夠想辦法減少他生氣的次數。

但是，該採取什麼手段才能讓老師不生氣呢？

我想到的社交術就是，被老師叫去之後，應該要盡快讓老師知道「我了解老師為什麼生氣」、「我有在反省」，盡早讓老師原諒我（笑）。

如果被老師叫去，還一副「什麼事啊？」這種看似沒有自覺的態度，老師的怒氣會倍增，或許拳頭還會揮過來。

所以我認為，向老師展現「對自己不足的部分有所自覺」的態度很重要。不過，展現這樣的態度，時機是重點。

首先，被老師叫到名字時，要立刻大聲回應：「是！」看著在遠處的老師，用力點頭，用眼神向老師傳達：「我知道自己為什麼會被叫到。」然後小跑步到老師面前站好。

這時候什麼話也不能說。老師會指出我的缺點，問我：「你懂不懂啊？」這時候只要小聲的說：「對不起。」並且把老師的指責好好聽完。

我曾經在這個部分失敗過一次。那次我沒有等老師說完，就插嘴說：「我知道了！」結果老師更生氣：「我什麼都還沒說！你知道什麼！」那次之後，我就了解到：「原來如此，首先必須把老師的話聽到最後。」

被罵了幾次之後，我就發現，回應的時機也要注意。

等老師從頭到尾指責完我的缺點之後，接下來才輪到我小聲回應：「我知道了。」展現出我有在反省的態度。這時候最忌諱裝傻，或是對老師指責的缺點表現出「你在說什麼？」的反抗態度。

如果無論如何都無法接受，反抗也是必要的。但我的目的是找出盡可能減少被打罵的社交術，所以我不會反抗，也不會用疑問句回應。

還有，被揍的時候，我也絕對不會躲開，我會努力讓老師「揍到滿意」，心情舒暢（笑）。我會好好接受體罰，然後有技巧的倒下，而且要看起來毫不刻意。

雖然被揍很痛，但如果躲得不好、或是跌得刻意，反而會受到不必要的傷害，或是被老師怒吼：「不准躲！」結果又被揍一次，那就虧大了。但如果被揍得巧妙，老師就會說：「老師也不想打你們，下次不要再這樣了！」就能快點結束教訓。

各位可能會覺得，像這樣尋找被打、被罵的技巧很狡猾。但根據我的經驗，這會為日後帶來大好機會。

重點在於，不要被動的忍耐打罵，而要用自己的頭腦思考，想想該怎麼做才能「有技巧」的接受打罵。

這麼做的結果是，不久之後，老師開始注意到我了。多半是因為我不反抗，乖乖挨罵，所以老師覺得：「田村有把我對大家的要求聽進去。」嚴厲的藤井老師甚至還稱讚我：「由田村來帶大家練習，效率也變得更好了呢！」

像這樣見機行事、巧妙挨罵，說起來容易，卻不是那麼簡單就能立刻做到。我要隨時觀察社團練習的狀況，以及老師對練習的意見和當下的氣氛。

像這樣眼觀四面、耳聽八方，某一天，這一切就像鬆開的線頭一樣，一抽就理出脈絡。從這一刻開始，我就能夠預測：「嗯，今天應該會照這樣的流程進行。」或是「啊，老師生氣了，就讓他教訓一下好了。」並且有餘力思考當下的情況該如何應對。

出了社會之後，我也曾多次與可怕的人一起共事，但我不會氣他們只懂得咆嘯。我會仔細觀察，俯瞰整體狀況，傾聽他們說話，找出他們生氣的原因。當下我也會開始思考自己該怎麼應對比較好。

當我這麼做之後，原本可怕的人就會在不知不覺間對我產生信任感：「會這樣聽我說話、了解我的人，就只有你了。」

雖然有些時候也不會那麼順利（笑），但什麼都不做的話，就只能忍耐，那會很痛苦。只要付出一些努力，事情就有可能改善，為什麼不試試看呢？

利用「裝堅強」社交術，得到想要的東西

這樣的我很奸詐嗎？我從來不這麼認為。就算被這麼說，我也不會在意。

如果我不管在哪個部分都是一百分的人，那就不需要研究社交術，不用配合狀況，也能活得瀟灑。但是，我是一個三十五分男人，如果不仔細擬定社交術，運用各種手段吸引別人注意，就無法與那些優秀的人競爭。

我家並不富裕，中學的時候為了得到生日禮物，我也是運用這樣的

社交術。

我覺得一下子開口對父母說「送我生日禮物」是最糟糕的方式。每個父母都想送孩子生日禮物，但是因為家裡還有其他開銷，沒有那樣的餘裕。雖然勉強湊一湊，也還是有辦法，但如果孩子理所當然的對著苦惱的父母討禮物，不僅不合情理，在戰略上也非上策。

那麼，該怎麼做才好呢？我想到的是**「裝堅強社交術」**（笑）。

這個方法在我出社會之後也適用。位居上位的人，一般來說，都對下面的人裝堅強的樣子很沒有抵抗力。我在籃球隊運用的挨罵技巧也是同樣道理。

中學時的我，想要的生日禮物是當時流行的音響，實在想要得不得了。但是音響太貴了，我也不能打工，於是我開始思考該怎麼做才好。

我開始爸媽面前一直翻閱那部音響的型錄。我只是翻閱型錄而已，什麼也沒說，甚至沒有流露出「想要」的表情。我只是不帶任何情緒的在爸媽面前翻閱著型錄。

我在家的時候，總是在翻那本型錄，久而久之，沾滿手垢與汗水的型錄變得皺巴巴的。接著，我把皺巴巴的型錄收到自己每天睡覺的被褥底下。這麼一來，老媽每天早上幫我收棉被的時候，型錄就會掉出來。老媽會想：「這孩子連睡覺時也在看嗎？」

我在生日之前每天重覆這樣的行為，但從來沒有主動提起音響的話題。我很「堅強」吧（笑）？

手段另當別論，總之，我定下自己想要達到的目標，並且擬定實現目標的社交術，最後獲得成果——那部音響在我生日的時候送來了。

音響對我家來說是重大消費，我也想過為什麼爸媽會買給我。我想到的原因是，真正想要的東西，與其輕率的說出口，不如以最壓抑的方式表現，這麼做看起來比較「堅強」，也會讓爸媽想要回應我的期待。

孩子顧慮家中狀況，沒有提出任性的要求，對爸媽來說也是一件開心的事吧！我想，老爸、老媽送這樣的禮物其實也很開心，他們甚至可能對一句要求也沒說出口的兒子感到驕傲。這也是一種親子都開心的社交術（笑）。

「場控能力」覺醒！以成為搞笑藝人為目標

中學時的我，思考挨罵的技巧，以及不用苦苦哀求就能得到禮物的方法，在這個過程中，我學到，只要運用社交術，擁有人際關係，就算是三十五分男人也能活得很開心。我甚至覺得，要是沒有人際關係，我就無法實現自己想做的事情。

在社團活動中，比起磨練自己的球技，我投注更多熱情在與同伴分享輸掉比賽的懊悔與反省上。中學的生活，讓我發現自己適合擔任觀察氣氛、控制場面、推動事物前進的角色。我學會不再以自我為中心，協調性也變得特別強大。

中學畢業後，我進入工業高中的建築科就讀。雖然中學時期沒有美好的戀愛回憶，但是升上高中，我變得很受女孩子歡迎。

我覺得有很大一部分是因為我在中學時學會不再以自我為中心。比起個人能力，我更努力在人際關係中得到三十五分以上的分數。和大家在一起的時候，我會多聽別人說話，並且盡我所能，在團體中擔任讓大家開心的角色。而且我覺得，如果是「一對多」的情況，我在女孩子面前就不會害羞緊張，能夠傾聽別人的想法、徵詢大家的意見，也能夠做球給其他人接。

在談話的過程中，我會慢慢引出朋友的個性，當我做球的時候，也會發現：**「喔，場面開始動起來了！」**我的「場控能力」覺醒，主持人田村淳就在這一刻誕生。

我在團體中與喜歡的女孩子熟稔起來，而且我的角色還能夠幫到大家，這讓我非常開心。

小學二年級的時候，我曾經是被霸凌的孩子，當我開始傾聽班上其他被霸凌的孩子說話，朋友也變得越來越多。高中的時候，我在團體中了解到世界上需要「推動事物前進的角色」。因為這些經驗，我想在人前主持、想帶給別人幫助的衝動越來越強，或許就是這股衝動，才有今天的我。

從那時候起，我就決定高中畢業後，我要一邊工作，一邊朝著成為搞笑藝人的目標前進。因為我讀的是工業高中的建築科，高中二年級進行志願調查時，我就告訴班導我想要報考大阪的建築公司。

其實我是想早點去大阪，進入吉本興業，成為搞笑藝人。我打算先在大阪工作兩年左右，存錢進入吉本綜合藝能學院。

面試零失敗的技術！想辦法讓高層留下印象

在我的人生當中，無論是找打工還是求職，**從來沒有在任何面試中失敗過**。這聽起來似乎很了不起，但並不是因為我很優秀，而是因為我是三十五分男人，為了獲得認可，我什麼都願意做。

因此，為了獲得大阪建築公司的認可，我在高中三年級的暑假就先到大阪拜訪那家建設公司。一般來說，只要畢業前去參加公司舉辦的新人招募考試就可以了，但我擔心自己會落榜，所以想早對手一步，讓公司高層留下印象。

我直接找到建設公司人資部門的主管，向他推銷自己，我告訴他：「我想報考這家公司。」結果對方只跟我說：「你把頭髮染黑了再來。」（因為我在暑假的時候染了一頭金髮。）

後來聽班導說才知道，那家建設公司在那個時候就已經決定要錄用我了。

有特殊門路的人、或是成績優秀的人或許不需要這麼做，但我認清自己是三十五分男人，我心裡只想著：首先要努力讓自己達到四十分。我想是因為這樣的積極態度，才帶來了好結果。

東京出道！卻面臨沒有工作的日子……

我在高中時期和同學（幫我拍攝本書封面照片的攝影師中川司）一起組成名為「河豚之助．河豚太郎」的搞笑團體，在地方比賽等場合中表演搞笑短劇。

我們在某場比賽中獲得優勝，還接受三所大學的邀請，在校慶時表演。那時候，我們已經賺到對高中生來說為數不小的金錢。參加某場演出時，負責舉辦這場活動的經紀公司老闆邀請我們去東京：「你們的段子很好笑，要不要試著去東京發展呢？」

麻煩的是，建設公司也決定要錄用我了，該怎麼辦呢？我煩惱了好幾天，最後去找中學時期在籃球隊把我罵得很慘的恩師——藤井老師商量。老師對我說：「如果你真的想當搞笑藝人，就再去一次大阪，直接向建設公司道歉。這是個好機會，如果你拒絕，我想你的父母知道後也會不開心吧。」

當天回家之後，我打算向老爸、老媽坦承這件事，結果他們告訴我：「小淳，大阪的建設公司剛剛打電話來，他們說因為經濟泡沫化的關係，下一季不會招募新人了。」

我原本就打算拒絕了，結果招募計畫也告吹，這是神明在引導我嗎？還是命運呢？就這樣，我在十八歲時，為了成為搞笑藝人而前往東京。

我去到了東京，但是在那裡我沒有人脈，也沒有實績，除了每個月一次在太田製作舉辦的甄選會上表演段子之外，幾乎沒有其他事情可以做。和我搭檔的同學，在半年就回老家了。接下來的一年，我一個人繼續在東京孤零零的生活。

當時照顧我的經紀公司老闆，每個月給我十萬日圓的薪水，但房租就要五萬日圓，生活相當拮据。雖然我試著到錄影帶出租店打工，但也無法持續。這段期間，因為精神上的壓力，我甚至變得有點神經質。

在這樣的日子裡，某天，我接到老闆的連絡電話：「有一位藝人因為沒有搭檔而煩惱，我幫你介紹。」我也很煩惱，便欣然前往與對方相約的ＫＴＶ。

出現在那裡的，是戴著圓眼鏡、留著小鬍子的男性。這位名叫田畑的男性當時二十八歲，比我大了十歲。我們雖然討論了搞笑的方向，但年紀實在差太多了，所以我還是拒絕他：「我們不可能成為搭檔的。」

與小亮搭檔，努力擠進吉本興業

田畑先生聽了我的拒絕之後說：「既然如此，我介紹你一位年輕的吧。我記得有一位跟你同姓的人。」

他帶來的，就是我現在的搭檔——田村亮。就這樣，我和小亮接連參與太田製作、渡邊製作的現場演出。我還清楚記得，搞笑團體「海王星」的堀內健先生當時也有來參加甄選。

我來到東京後，曾經度過無所事事、相當痛苦的一年，但自從與小亮組成搭檔之後，有一年的時間，我們都在原宿的「步行者天國」表演街頭搞笑短劇。之所以會選擇原宿的步行者天國，是因為我最喜歡的搖滾樂團「JUN SKY WALKER(S)」也曾經在這裡表演。除此之外，我也希望讓自己置身在必須想辦法吸引人群，否則就不會有觀眾的環境中，藉此訓練膽量。

我和小亮也在街頭表演中培養出一群粉絲。他們在我們出道之後，持續給予我們支持，甚至贊助我們。這些寶貴的贊助者，是我們永遠的資產。然而，我們在這個階段還是沒進入吉本興業。

一九九四年，我到東京的第三年，吉本興業進軍東京，並且發表「銀座七丁目劇場」開幕的消息。我得知他們將舉辦甄選會，而且這場甄選會，就連已經在吉本興業旗下的「極樂蜻蜓」、「鐵公雞二人組」都因為想在劇場表演而前來參加。

甄選會總共來了一千組藝人，據說將從中選出合格的十組。我們不僅有在街頭表演培養出來的膽量、對於搞笑段子的完成度也很有自信，所以甄選會結束之後，我懷著「應該會上」的心情去聽結果發表。然而，十組合格的藝人當中，並沒有我們的名字。

我想知道自己為什麼會落榜，雖然吉本興業事前就已經表明：「來公司也不會告訴你，所以不要跑來。」但是我無論如何都無法接受，於是就殺到赤坂的總公司事務所去問個明白。銀座七丁目劇場的經理出來招呼我們，他一臉驚訝的說：「你們太猛了。都已經跟你們說不要來公司了，你們還跑來！」

雖然甄選會上只有十組藝人合格，但我們那時候才知道，落選的團體中也是有人被選上，而我們就是其中一組。倫敦靴子一號二號就這樣成為吉本興業旗下的搞笑藝人。

我接下來的目標，是讓沒有擠進甄選前十名的倫敦靴子一號二號，成為銀座七丁目劇場的頂尖藝人。於是，我睜大眼睛，仔細觀察劇場的工作人員，思考該怎麼做才好。

我從學生時期以來，一直都是先觀察、摸清楚模式，再擬定社交術。我觀察的心得是，想在競爭者眾多的大公司中嶄露頭角，就要讓公司裡的人迷上我們，即使只有一個人也好。所以我認為，在吉本興業當中，讓評價藝人的工作人員成為我們的支持者，是成功的絕對條件。

為了吸引工作人員的注意，我們和另外三組年輕藝人嘗試靠自己的力量讓銀座七丁目劇場客滿。我邀請街頭表演時代的粉絲來劇場看表演，後來真的客滿了。那是一九九四年，我二十歲時的事情。我們的實績立刻在公司裡傳開來。

這些粉絲當中，有一位成為《男女糾察隊》的節目企畫，兩位住在氣仙沼的女性現在也過得很好，我們至今都還有連絡。

不要想利用他人，要建立「一起感動」的關係

接下來，我開始思考該怎麼做才能得到銀座七丁目劇場經理的青睞。直接推銷自己也不太管用，因此，我仔細觀察經理的行動。有一次，我偷聽到他問一位女性工作人員：「你覺得那位藝人怎麼樣？」我發現經理會徵詢並參考這位工作人員的意見，似乎對她的眼光很有信心。

我立刻展開讓那位工作人員支持我們的社交術。最差勁的做法就是單純的利用對方，但是這麼做對於彼此的向上提升並不會有幫助。重要的是，**要讓彼此擁有共同的目標，可以一起朝著目標前進**。

劇場的工作人員也希望劇場高朋滿座，因此，我們會與她討論自己理想中的搞笑段子，或是想嘗試的事情。她聽了之後也會提出點子：「如果要拍這樣的影片，要不要到我的老家拍呢？」真的很感謝她那時候的照顧。

為了讓工作人員支持我們，觀察力很重要，特別是分辨誰有決定權、誰又能帶給這個人影響的觀察力。因為擁有這樣的觀察力，年輕又沒有實績的我，才有辦法奮戰至今。

銀座七丁目劇場的甄選是在一九九四年。到了一九九六年，倫敦靴子一號二號在朝日電視台有了一個深夜時段的綜藝節目《挖坑倫敦靴子》，這個節目在一九九七年改名為《白金倫敦靴子》。到了一九九九年，距離甄選僅僅只有五年，我們就擁有一個黃金時段的冠名節目《閃電！倫敦之心》（也就是《男女糾察隊》的前身）。這一路上，機會可以說是一個接著一個降臨，真的非常感謝。

把阻礙當成機會，隨時為危機做好準備

我離開下關時，雖然未來沒有任何保障，但是好好發揮社交術，總是能度過難關，從來沒有碰壁的感覺。

我將阻礙當成機會。當問題浮現，我絕對不會置之不理。只要面對它、處理它，事態或許就能往好的方向發展。在覺得「這樣下去不太妙」的時候，要是默默的任憑事態發展下去，情況只會更糟，所以我一定會先想好幾個日後可能的發展，以及因應的模式。因為有這樣的準備，即使發生最壞的狀況，我也不會因為漫不經心而被殺得措手不及，心理的負擔多少可以減輕。

身為搞笑藝人的我們，隨時都會面臨節目收起來（等於被開除）的危機。如果發生這種事情，我們從隔天開始就沒有收入了。就危機感來說，和每天害怕被裁員的公司員工是一樣的。

但是，與其擔心突如其來的裁員，我平常就會把精力投注在避免被裁員的社交術上。我會隨時確認收視率，如果節目有快要收起來的跡象，就能立刻察覺，思考接下來的社交術。我會先集合經紀人，請他們買來刊登接下來兩週電視節目表的雜誌，用螢光筆標出我或倫敦靴子一號二號上了之後，會對將來有幫助的節目。

我們想不想上這個節目另當別論，標示的時候是站在製作單位的角度，思考倫敦靴子上節目會不會有趣。**站在使用者的角度思考很重要。**

除了無線電視台的節目，也會標示衛星電視台或有線電視台的節目。接著，再針對標示的節目開會討論，如果有想上的節目，就請經紀人一一預約。用上班族的話來說，這就是在「找工作」。當然，我也會運用人脈推銷自己。像這樣準備好遭遇危機時的社交術，即使哪天突然被「開除」，心情多少也會比較平穩：「這也是預料中的事情……」

如果各位是上班族，要不要也攤開公司或其他公司的部門配置，試著用螢光筆標出「如果去這裡的話，自己應該可以發揮」的地方呢？

現在這個時代，每個人的明天都沒有保障吧？遇到問題也不能再裝酷了，只有拿出「背水一戰的拚勁」，努力奮戰！我在二十四歲擁有黃金時段的冠名節目，從那時候開始，我就一直執行這樣的作業。

演藝圈裡，那些乍看之下像是大明星的人物，或許付出更多這種低調的努力。反而是那些什麼都不做的年輕藝人，只讓我覺得：「真羨慕他們這麼悠哉……」我想也是因為這樣，世代交替才一直沒有進展吧。

最佳款待——聯誼磨練出來的社交術

二十四歲就擁有黃金時段的冠名節目，讓我飄飄然的站上頂點。工作結束之後，就是去聯誼（幫前輩安排聚餐，自己也陪在下座），喝酒喝到早上，又直接去工作……日以繼夜持續這樣的生活。

「演藝圈真是太愉快了！」這是當時真真實實的感受。

聯誼時需要的社交術也是「場控的技術」，這和主持電視節目沒有什麼差別，我也和工作時一樣亢奮，最後也分不清到底是在工作，還是在玩樂了。

我把熱情投注在安排聯誼上，所以很得前輩的疼愛。這讓我很得意，只要前輩對我說：「聯誼就拜託你了！」無論行程排得多麼滿，我一定會欣然接受。

我會先決定餐廳，接著挑選成員，請所有人在指定時間集合，由我在聊天時巧妙的做球給大家。如果當下氣氛變得有點僵，請女孩子們回家也是我的工作，因為這時候，那些女孩子們其實也很想回去。

我希望透過我主持的聯誼，提供前輩們度過愉快時光的場所與美好的邂逅，無意義而鬆散的聯誼不會有任何收穫，所以如果覺得「啊，場面冷掉了」，就必須盡早進入下一個階段，否則會遭前輩責罵。

只要一想到是為了前輩，邀請女孩子的時候也完全不覺得害臊。就像織田信長的火槍隊有三組人馬交替射擊一樣，我安排的聯誼，除了第一場的成員之外，還會約好續攤的第二場、第三場的成員，我稱她們是「第二支箭」、「第三支箭」。第一支箭是絕美的冰山美人，第二支箭是可愛、容易親近的女孩，第三支箭則是放得開的熱鬧團體。

還在第一場的階段，就先請第二場和第三場的成員在其他地方待命。我會隨時與她們連絡，一旦前輩露出尷尬的表情，就馬上散會，前往下一個地點。要是前輩玩得不開心，我也會沒面子。我是拚了命在幕後工作，所以前輩也將我視若珍寶。

我一直說聯誼的事情，有些人或許會覺得：「小淳每天晚上都在跟女孩子玩啊！」但事實上，我全副精神都拿來侍候前輩，一點也無法放鬆。我必須隨時觀察當下的氣氛，對我來說，並不是那種可以一邊接待前輩，一邊勾搭自己喜歡的女孩子的輕鬆聯誼。而且，如果我想認識女孩子，比起聯誼，搭訕更容易成功（笑）。

其實，我三十歲之後就不再聯誼了。我一直認為，要認識女孩子，一對一相處比聯誼更好。因為兩人獨處的時候，更能直接表達自己的心意。被拒絕的話，再找下一個就好了。但如果是在聯誼的場合，即使知道不可能發展下去，聯誼還是得繼續，我覺得這只是在浪費彼此的時間而已。

那麼，兩人獨處時，要如何運用社交術呢？我曾經和一位紅牌男公關聊過，我們一致認為，**要巧妙的稱讚對方**。

好好聽對方說話，並不時點頭附和：「沒錯、沒錯。」就算是態度負面的女孩子，也能瞬間將她變成正面的女孩子。只要有人聽她說話，不時附和她、稱讚她，當她把不滿與煩惱全部說出來，把負面情緒全部倒光，又喝了酒，心情也會莫名的愉快起來。這麼一來，她自己也會覺得：「啊，我的人生改變了！」

執行這個社交術的時候，最重要的就是附和，可以說：「原來如此！」「太厲害了，你還可以忍耐！」「哇，原來發生了這種事，如果是我一定撐不下去！」

點頭的時機，也可以分成在對方說話的時候點頭，或是在說完之後用力點頭。不能光是「嗯、嗯、嗯」的表示肯定或同意，有時候也必須說反話，煽動對方的情緒，讓談話出現張力。舉例來說，大部分的女性與父親之間都有某種矛盾，你可以引她說出這方面的話題，這麼一來，就能一下子拉近彼此的距離，讓她對你敞開心房。

只要多經歷幾次這樣的修行（笑），你就會變得擅長傾聽，並且逐漸累積關於女性煩惱的資料庫。

想追女孩子，就不要展現自我

如果我想追女孩子，就不會顯露自我，至少我不會在一開始的時候這麼做。我會把自己變成「無」，盡量把對方說的事情全部聽進去，**扮演好「最佳傾聽者」的角色。**

這時候如果講出自己未經消化的想法，就會變成失敗的案例，對方會覺得這是「大叔在說教」，並且反擊：「你明明什麼都不知道，不要說得一副了不起的樣子！」所以還是停留在傾聽階段比較安全。

話說回來，如果不是有很堅定的信念或體悟，任何人都很難從高高在上的角度，對別人的人生提出建議吧？如果只是想要帥，就給出半吊子的建議，等於是在自掘墳墓。

前面提到的男公關有句名言：「女人不管幾歲都是公主。」（笑）只有白馬王子才能給公主意見，三十五分男人想和公主交往，拋棄高高在上的態度，當一個稱職的傾聽者，我想這絕對是比較明智的社交術。

附帶一提，有些行為在許多人面前做會顯得做作，但是在一對一的情況下做卻能讓身價上揚。千萬不能忘記，對方可是公主，請你以僕人的立場，出入建築物時，一定要幫她開門。無論是搭計程車還是搭電梯，都要刻意小跑步上前開門等她，或是誇張的護送她。用餐的時候，一定要讓女性坐在窗邊，自己則坐在走道邊的下座。

還有，我經常在兩人獨處的時候，故意說一些肉麻話來試探。舉例來說，如果兩人之間已經有一定程度的親密感，我想親吻對方，就會在用餐結束時，在車上問她：「如果下一個號誌是紅燈，我可以在停下來的時候吻你嗎？」下一個號誌就算是綠燈或黃燈，女性也會心跳加速。如果是紅燈，我就故意不吻她（笑）。運用這樣的社交術就能一下子縮短兩人之間的距離。

女人真的是不能信任的生物嗎？

我在高中時期曾經被交往的同班女友背叛，這個經驗對我造成嚴重的創傷。那是我十八歲時的事情。

我到下關車站為要出發去東京的同學送行，卻在那裡撞見女友與其他男性吻別。我大受打擊！這不是連續劇，而是真真實實發生在我身上的事情，帶給我強烈的震撼：「原來女孩子真的會若無其事的劈腿！」自此之後，我就認為女人是不能信任的生物，至今依然這麼想（笑）。

《白金倫敦靴子》這個節目有個人氣單元「劈腿調查」，代替懷疑女友偷吃的男性進行調查，再告訴他女友是「失德」還是「清白」，並在節目上播出整個過程。我的實際經驗告訴我，女人是會劈腿的生物，我想一定有很多男性和我有同樣的懷疑，他們應該可以從節目中得到共鳴。這些女性就算已經有男友，但是調查她們的手機或記事本，還是會出現一個又一個男友以外的名字或頭像，「看吧，果然有問題！」

男性也會偷吃，但男性偷吃立刻就會被抓到，而女性偷吃卻很難看得出來……

但是，時代改變了。「劈腿調查」鎖定的輕浮女性，也只不過是當時的流行。後來，這些放蕩不羈、輕佻卻有個性的辣妹逐漸消失在街頭，而看著這些「不檢點的姊姊們」長大的新世代女孩，變得正經八百。我很驕傲「劈腿調查」這個單元教育了下一個世代……這當然是在開玩笑（笑）。

我覺得，現在的電視台已經無法製作像「劈腿調查」這種，播出外遇現場或整個調查過程的節目了。因為贊助商或電視台的政策，又或者是電視台自我約束的關係，不能再設局把一般人捲入整人企畫。當然，當時製作節目也需要取得當事人的許可才行，那時候也經常得到「我不想曝光」的回答，使得影片無法播出。但是在那個時代，一般人依然覺得「上電視很了不起」，而且「輕浮」也算是某種趨勢，輕浮才會受歡迎。但是到了「草食系」登場之後，想要受歡迎，就不能表現得那麼飢渴了。

聯誼也不再流行了，類似的活動名稱微妙的變成餐會或派對。因為感受到這樣的變化，我也不再主持聯誼，並且開始重新檢討、調整對女性的看法與社交術。

結婚是怎麼一回事？

我在二〇一四年結婚了。我和老婆是在二〇〇六年認識的，那是結婚的七年前，我三十三歲的時候。我們是在朋友的介紹下認識的，但因為朋友說：「不行，小淳一下子就會對人家出手。」所以初次見面時是三個人。

那時候，我對她的感覺是：「這個人超怪，似乎完全不會生氣。」她說話的時候，完全不會表達自己的抱怨與不滿，所以即便我使出擅長的傾聽社交術，也無法發揮讓她心情變好的效果。

這對我來說很新鮮，所以懷著「想要再多聊聊」的心情與她約會，進而開始交往。

但是她對當時的我來說，該說是母性太強，還是太有包容力呢？我在不知不覺間產生了這樣的想法：「這樣我就無法以自己的步調發揮社交術，會被她像海綿一樣全部吸收。太可怕了！我還不到定下來的年紀，我還想要冒險，需要多戀愛來充實我的表演。」於是，我就和她分手了。但即使如此，我依然忘不了她，後來我們重逢，並且步入禮堂。

我和女性交往一定是以結婚為前提。雖然說是結婚，但大家都把登記視為結婚，我覺得太不合理了，沒有登記的「事實婚姻」其實也很好。

我之所以會這麼想，是因為有些已婚者常常會抱怨「老婆很恐怖」或「沒有自己的時間」。如果真的不喜歡，那就分開，抱怨無法解決任何事情。但如果是因為結婚證書那張薄薄的紙，讓人產生被綁住的不滿，是不是代表這個制度有什麼不完善的地方呢？與其如此，我更希望把「兩人努力讓愛情可以一直持續下去」當成結婚。

最近社會也在呼籲大家注意無性夫妻的危機，但我也希望大家想想，伴侶在滿足肉欲之後，還剩下什麼。我覺得剩下來的一定是「人格魅力」。**即使只有人格魅力，還是可以成為相愛的伴侶。**

我如果喜歡上別人，應該會誠實的跟老婆說吧（笑）。但老婆應該會跟我說：「這樣很好啊。」她就是這樣的人。我想她也會說：「不要讓我曝光喔。」「不要讓雜誌拍到喔。」她知道這麼說，就能讓我覺得場面失控而一下子冷靜下來。

不過，現在這個時代，只要我走在路上，大家就會拿手機拍我，在網路上留言：「我看到小淳在……」我還沒有瘋狂到在這麼容易吸引世人好奇眼光、資訊又這麼容易散布的時代，追求其他女性（笑）。

我不是天才，所以不需要瘋狂。如果要說我是天才、秀才，還是凡才，應該是超級普通的凡才吧！凡才才輕鬆。如果是天才的話，就必須不斷拿出「新東西」才行，這樣應該很辛苦吧！

小亮，讓我又愛又恨的搭檔

結婚之後改變的事情，還有我與搭檔小亮的關係。

我在二十四歲開始主持黃金時段的冠名節目之後，遇到的第一個瓶頸就是「守住到手的地位，原來這麼辛苦」。

其實，原本節目是由小亮掌控節奏。當時綜藝節目主持人還不是目光的焦點，比較像是歌唱節目的主持人，屬於默默控制節奏的角色。節目的聚光燈，通常都打在來賓身上。

那時候我們才剛開始嶄露頭角，必須拚了命讓觀眾留下印象。所以我想做的不是主持，我希望可以在節目中大顯身手，吸引更多目光。但是小亮主持節目，節奏似乎有點不太順暢……這時，節目的工作人員開始出現「換小淳主持」的意見。

我從來沒有在別的地方說過，其實一直到最近為止，我一直很怨恨小亮。「小亮為什麼不好好主持？」「為什麼不讓我在節目中好好表現？」

我從童年時期以來，一直靠著場控與社交術生存下來，但搞笑需要兩個人一搭一唱才能成立。因此，當工作人員要求我主持的時候，聽起來就像「請你一個人同時擔任足球的前鋒與守門員」，這怎麼可能辦得到！

更讓我氣憤的是，節目開始之後，相對於拚命分飾兩角的我，小亮總是笑咪咪的坐在一旁（笑）。我從二十多歲開始，不知道怨恨過小亮多少次。從他身上也看不到想要成為主持人的上進心，而我也逐漸開始厭惡這麼怨恨搭檔的自己……

某天，我去找同樣擔任主持人的「NINETY-NINE」的矢部浩之先生商量。我把煩惱全部說給他聽，結果矢部先生立刻說了一句：「我懂。」他又說：「大家都覺得節目有趣是裝傻的人的功勞，節目難看卻是吐槽的人的錯。但是呢，這個工作也不是在做白工，業界的人還是有在注意的。」矢部先生說的沒錯，某天節目結束後，一位來賓走過來告訴我：**「謝謝你，帶出我有趣的部分。」**

但是在那之後，我內心還是很掙扎。然後，到了二〇〇一年左右，綜藝節目開始轉型，越來越多綜藝節目邀請大量的通告藝人上節目，因此，徵求意見、變換話題、掌握節奏的主持人也開始站到鎂光燈下。明石家秋刀魚先生、島田紳助先生等名主持人，將這個角色推上演藝圈的明星地位。

於是，我開始上這些天才型主持人的節目，開始「偷學」。「Down Town」的濱田雅功先生的主持風格令人吃驚，節目時間一到，他就會說：「好了，今天就到此為止。」便收工回家，通告藝人對每一句發言的緊張感也不是蓋的。至於明石家秋刀魚先生，即使時間過了，他還是自顧自的說下去。還有今田耕司先生、島田紳助先生、所喬治先生……我抱著「必須找出不同於他們的主持風格」的想法，上遍各個節目。

這時候，我又開始問自己，小亮在倫敦靴子一號二號當中的角色是什麼呢？倫敦靴子一號是小亮，我明明是二號啊！我一直到二〇一四年在婚禮上讀了小亮寫給我的信，才打從心底原諒他。

我想起了很多事情。我甚至一度想過要解散，反過來想，小亮被我怨恨應該也很痛苦，由我提議解散，是不是比較體貼呢？

「決戰富士山」的入江慎曾經跟我說過：「淳哥，你知道亮哥喝醉時的狀態嗎？他在醉得一蹋糊塗的時候，總是說：『小淳啊，小淳是天才，入江，你也要變得像小淳一樣。』他每晚每晚，都一直在稱讚你。」

結婚之後，我第一次和小亮在休息室聊天。那次聊天讓我產生一個新的想法，小亮這麼沒有自我主張，還能不斷上電視也滿厲害的（笑）。以前，我會在經紀公司的會議室搬出白板，在上面畫節目攝影棚的配置圖，比手畫腳的說：「我希望這樣做，這樣移動。通告藝人應該希望主持人在這時候提出異議、做球給他們接，引起他們討論。」小亮姑且在底下幫我做筆記……（笑）

我有時候會覺得，小亮太沒有自我主張了，如果生對時代，或許會成為教祖也不一定，因為人們會自然而然的聚集到他身邊！他可不是普通的高僧（笑）。他給我的感覺，像是穿著髒兮兮的袈裟，赤著雙腳，修行失敗的僧侶。修行是修行了，但他只是單純的忍耐著，連「悟」字的一撇也搆不著。

但是，小亮以他的方式，走在只有他能走的人生道路上。如果是一般人，應該會要求「在節目上給我個角色」不是嗎？但是小亮什麼都沒有對我說（笑）。我也只能稱讚他的「人格魅力」或「鈍感力」吧。

小亮和努力發揮社交術才走到今天的我完全相反，他能走到今天，靠的是完全不社交。小亮的演藝生涯應該會比我長吧。但是這樣的小亮，卻說他的夢想是：「我的最終目標是成為主持人，我想展現與小淳不同的主持風格。」我的腦袋越來越混亂了（笑）。

如果小亮的夢想真的實現，到時候我想要悠閒的坐在來賓席上，什麼都不做，就只是傻笑。

Chapter 2

利用網路社交術，
擴大人際關係圈 ！

推特、臉書、LINE、Instagram，我的網路社交術

我每天都會使用網路，試圖擴大自己活動的舞台，這對我來說是新的挑戰，也還在從失敗中學習。

這一章，我想介紹我自己的網路社交術。

舉例來說，我在二〇一〇年開始使用推特，現在推特上已經有將近一百五十萬名粉絲。粉絲給我的留言我全部都會看，有時候也會與他們交流。這個經驗告訴我，現在這個時代，只要在網路上好好運用社交術，

就能擴大人際關係圈，與更多人的交流。

社群網站已經完全滲透到我們的生活當中，對於想要建立新帳號、或是想要運用網路社交術的人，我很推薦推特。雖然推特有一百四十個字的發文限制，但是與一百四十個英文字相比，混合漢字與假名的一百四十個日文字，已經能夠表達很豐富的內容。在我心目中，推特無疑是現階段最棒的社群網站。

另外，臉書也很受歡迎，我也有在使用。我原本就將臉書當成同學會名單之類的工具，所以真要說起來，我覺得臉書比較適合用來與少數的朋友分享資訊。如果覺得資訊最多只需要讓朋友的朋友知道，那麼臉書應該是不錯的選擇。

至於因為貼圖而大受歡迎的LINE，甚至已經取代了電子郵件。當然，大家應該還是會繼續使用電子郵件收發工作上的重要資訊，或是有附加檔案的資料，但除此之外的連絡，用LINE就可以了不是嗎？如果在與工作無關的私人交流上使用電子郵件，恐怕會被誤以為：「這個人好像有點落伍？」

現在我與資訊業界的高層見面，即使是四十多歲或五十多歲的人，名片上也會印有LINE的帳號，這樣才能給人這家公司先進、有未來感的印象。如果各位也想給人「對新事物敏感」的印象，不妨利用LINE來創造人脈。

Instagram可以上傳豐富的照片，以視覺跨越語言藩籬，如果想對海外的人展現自己，Instagram是有效的工具。由於照片可以帶來直覺的感受，也成為亞洲圈的模特兒主要使用的社群網站，他們會上傳自己的服裝或當天的穿搭，也有很多明星會放自拍的照片。為了迎合即將來臨的亞洲時代，我也開始使用。

Instagram上有許多華人，馬來西亞、印尼、香港、中國、新加坡等亞洲圈的國家也都以Instagram為主流。印象中，泰國似乎也因為獨特的文字文化，不適合推特一百四十個字的規則，所以經常使用Instagram。在多語言文化密集的亞洲圈，Instagram這種「一張照片決勝負」的工具比較有效率！

寶塚命名法！使用推特的社交術

無論是不是推特的使用者、有沒有互相追蹤的關係，只要搜尋使用者的名字，任何人都能閱讀那位使用者的所有推特紀錄。換句話說，就算有人在你不知道的地方查你的帳號，你也無從得知。由於推特會將個人隱私攤到陽光底下，所以除了名人之外，帳號最好是匿名。我至今還沒看過有人用本名在推特上留言。

建立了匿名的推特帳號之後，就可以反過來利用匿名性，**把這個帳號當成「網路上的另一個自己」**。不要只是讀別人的留言與回覆，請利用這個帳號，積極的社交吧！

當然，利用匿名帳號進行人身攻擊，或是冒用他人名義是不對。但是因為匿名的關係，對不懂的事情可以直接提出疑問，即使遇到不親切的人，也可以爽快的說聲：「謝謝，再連絡。」

另外，在為自己的帳號命名時，不要使用像「綠球藻」這種名稱，要想出一個有名、有姓，看起來煞有其事的虛擬人名，我稱之為**「寶塚命名法」**。日後在與人交流時，可以提升自己的可信度。

建立好帳號之後，就要扮演「網路上的自己」，所以當然不能用自己的照片當頭像（笑）。現在最流行頭像是的肖像畫吧。使用預設的蛋形頭像，或是一直保持無名的狀態，會讓人感受不到留言者的認真，留言就無法展現分量。這麼做相當於自己削弱了留言的傳播力，所以我覺得把預設的蛋形頭像換掉比較好。

我建議，**最好要有兩個帳號**，一個是讓工作上的人、或是求職時給人事負責人看的帳號；另一個是可以私底下發一些比較尖銳言論的帳號。也有一些人會視情況使用三、四個不同的帳號，但這樣會有點像多重人格，要是被發現的話，可能會帶來負面的印象。而且，如果每天都要分別使用不同的帳號留言，也可能一不小心就搞混。

我自己則有三個帳號，分別是經營偶像團體「炮灰系女孩」的帳號、樂團「jealkb」的帳號，以及藝人田村淳的帳號。

粉絲人數多也沒那麼厲害

開始使用推特之後，會希望增加粉絲，這是人之常情。如果是匿名帳號，只要藉著相互追蹤，就可以不斷增加粉絲。等到粉絲人數達到一千人左右時，看起來就像是「有認真在經營推特」，這個帳號也會產生公信力。

只不過，不管粉絲有多少人，也不是每個人都會積極留言，所以接下來要適當的過濾時間軸，鎖定言之有物的人，或是會發送最新訊息的人即可。

就我的經驗來說，**「粉絲人數多」並沒有一般所想的那麼厲害**。相反的，追蹤的帳號超過四百個左右，不管對方的留言有多認真，也讀不完。我曾經因為時間軸上的留言太多很煩，把四百個追蹤的帳號全部退掉。即便如此也想要關注的帳號，我不會使用追蹤，而是使用名單登錄。

至於那些會留下「早安」或是「今天也一起加油吧」等無謂訊息的帳號，請全部封鎖吧。我會立刻封鎖那些留言對看的人來說沒有任何幫助的帳號（笑），用推特經營客戶的業務員也會這麼做。如果不想傷害對方，「消音」功能也很方便。把對方消音，就不需要再看他的留言或早安文了。

如果是認真的想增加粉絲人數，可以讓這個帳號的留言只限定特定領域的資訊。這是在對該領域有興趣的人之間，擴大有效人際網路的好方法。此外，也必須針對該領域發表比較尖銳的言論，有共鳴的人就會成為粉絲，這點和現實社會一樣。大家對於在自己感興趣的領域中具備深入知識的人會產生共鳴，也會信任從宏觀角度仔細評估優缺點的人。

我想，未來也會出現新的社群網站，但無論如何，「溝通」依然會是最重要的關鍵字。所以我會繼續使用推特，繼續累積「啊，這麼做行不通」的失敗經驗，增加對社群網站的理解。

各位使用推特時不要只是潛水，也請發表訊息，一開始只是轉貼文章也好，引用別人的文章並留言「贊成」也無所謂。因為**經營社群網站就像踢足球一樣，試著上場比賽，累積實戰經驗是很重要的**。

只因為有名就追蹤？先思考自己使用推特的目的是什麼

你有在使用推特嗎？

使用推特的時候，如果只是與別人互相追蹤就滿足，那就太可惜了。因為建立一個交換對自己有幫助的意見的社群，真的非常重要。遭到媒體阻擋而無法發表的訊息，有時候也會像傳話遊戲一樣，在推特上流傳散布。三一一大地震的時候，媒體沒有報導的當地訊息，也是透過推特，很快就散布出去了。來自海外的資訊，也能透過該領域的專家翻譯，不斷的轉傳。

就這層意義來看，雖然有人公布「全球粉絲數最多的人」之類的排行榜，但我覺得這個排行榜沒有什麼實質意義。那只是因為資訊的價值**無法透過量化的指標比較，粉絲數才碰巧成為參考指標而已。**

我剛開始使用推特的時候，也因為聽說女神卡卡的推特很受歡迎而開始追蹤，但她散播的資訊卻不是我有興趣的事情。我也曾經因為孫正義的推特很受歡迎而立刻追蹤，但他的發文不全然是我關心的內容。選擇關注的對象，對我而言，就某種意義上，和在職場上或學校裡，分辨「上司的觀點是什麼」或「前輩有什麼嗜好」是相同的作業，需要同樣的努力。

我認為，時間軸上的追蹤人數，其實最好以三十人～五十人為限，就相當於一個班級的人數。有研究指出，人類能夠同時記住長相與全名的人數，就是一個班級的人數，如果超過這個人數，即使記得住長相，也想不起名字。所以，如果一個人的留言、關心的事情並不是你想知道的，最好退掉追蹤，讓新的人進來。反正興趣本來就會不斷改變，這點每個人都一樣。

這麼一來，就可以在推特上維持相當於一個班級、五十人的虛擬社群。這個大小的規模，既方便彼此溝通，也能舉辦網聚之類的活動，讓虛擬社群邁向真實，而你不可能找女神卡卡來參加這種網聚吧（笑）。

了解網路的特性，才能夠享受虛擬關係

在網路上遇到意氣相投的人，最後發展成戀愛關係，當然也不是不可能。但是我認為，在網路上最好不要輕易表明自己的身分。

我曾經在個人經營的網站「小淳的假日」上，企畫「口罩相親派對」，我會集合粉絲，幫他們配對。大家都戴口罩參加，維持匿名性，安全上也有一定的保障。而且是由我主持，也算是健全的活動，大家能夠放心參加。

但如果在推特上透過私訊交流，交換照片，那就是把推特當成所謂的「交友網站」。用這種方式認識人不會有危險嗎？

如果我有女兒，女兒說要去見網友，我一定會建議她：「一開始先參加網聚，不要跟網友單獨見面。」**一開始先參加網聚，兩個人單獨見面這種事情最好想都不要想。**

世界上思想邪惡的人多如牛毛，社群網站的世界如此不設防，還是小心為上。即使是參加網聚，**也要自己負起責任，小心判斷。**

我們無法在社群網站上看出一個人的人格。所以，請停止無謂的努力！寂寞的時候，會希望在推特上看到體貼的話語，希望被溫柔的對待，但這樣很危險，很可能會讓你成為對方的犧牲品。有些人會頻繁的回覆留言，在你沮喪的時候貼上短詩鼓勵你，這樣的關係很棒吧？但這終究只是在推特，不是認識的人之間的電子郵件往來，若是混為一談會很危險。就算寂寞，直接斷定「社群網站上的人，都只會為了自己的利益而行動」，這麼想比較好。

越是虛擬的空間，人越有可能將潛意識的欲望強加在對方身上，而且會為了貫徹自己的欲望，若無其事的說謊。了解這一點之後，才能夠享受虛擬關係，在網路社交中找到樂趣。

雖然我覺得利用網路的匿名性寫一些可能會傷人的話，也稱不上是大人的行為，但只要不越過免洗帳號的界線，就不會傷害彼此吧！你要不要也建立一個匿名帳號呢？

善用留言的公開性來展現自己

你是使用本名在玩推特嗎？如果有人為了對你進行身家調查，搜尋你的名字，你會不會覺得困擾呢？

如果是我，我會反過來利用推特的這個特性，好好發揮社交術。使用本名的帳號，就寫一些對自己有利的留言，這麼一來，無論是公司同事、學校同學，還是其他人看了都無所謂（笑）。譬如這樣的留言：

我今天走在路上，看到一隻被棄養的狗，雖然很想收留牠，但是我住的公寓不能養寵物，我拍了拍牠的頭之後就回家了。

當天晚上我想了很多……

重點在於，不需要寫一些華而不實的東西，頂多寫到讓人覺得：「這傢伙每天都很努力呢！」這樣就好。

這個技巧也可以用在找工作的時候。如果我是正在找工作的畢業生，我會上傳自己動手做的料理的照片，背景還能看到收拾得整整齊齊的房間，讓看到的人覺得：「喔，這孩子很愛乾淨呢！」（笑）

像這樣，思考可以怎麼利用社群網站來展現自己，能夠讓想像力更豐富，這種練習對於構思資料或報告的起承轉合也會有幫助。高中遭到停學處分的時候，以及剛到東京沒有工作的那痛苦一年，因為無事可做，便養成了總是在幻想的習慣。如果因為遭到霸凌，拒絕上學，透過推特，練習成為另一個世界的居民也不錯！在虛擬成為主流的未來，這樣的「練習」一定會有幫助。越是痛苦的時候，越需要在心中模擬社交術。

關掉手機遊戲，上推特吧！

走在車站與機場，可以看到越來越多玩手機遊戲的人。

人類自古以來就在消磨時間的方法上，下了許多功夫，所以才會有「殺時間」這種說法。但是，每個人的絕對時間有限，如果未來想過著舒服的人生，我建議還是多累積蒐集資訊的「練習」。如果有時間玩手機遊戲，還不如把時間拿來上推特，看看世界上發生了什麼事、哪個人說了什麼話。

我可能給人經常上推特的印象，但其實我只在搭車等零碎時間使用。這樣持續了五年之後，不僅知識增加，也和評論家與政治家成為「推友」，這些都是我的重要資產。

推特上也有轉貼數排行榜，但這只是推特公司為了經營而建立的制度，我覺得沒什麼意義。轉貼數多就和臉書上的「按讚」數多一樣，代表的只是很多人看到而已，不要看得太認真比較好。

用東京山手線來當例子，各位覺得把海報貼在新宿站效果比較好，還是貼在鶯谷站呢？如果是公關公司的做法，應該會貼在上下車旅客比較多的新宿站吧，**但是我從來沒有仔細看過貼在新宿站的海報**。這當中存在著數字陷阱，轉貼數多就是這麼一回事，儘管接觸到這則訊息的人很多，但也無從知道這些人是否有仔細閱讀、理解。比起來，或許在鶯谷站就有人會仔細看海報，但是由於人數少，廠商也感受不到。我覺得如果能夠取得這種細緻的數據，應該會有出人意表的結果。

廠商會減少在電視或雜誌下廣告，應該也是因為越來越多廣告受眾屬於社群網站世代，才會有人提出看似理所當然的建議：「就算下廣告他們也看不到。」

但是，我看到很多零食廠商的網路宣傳，覺得都是白費力氣，如果可以交給我負責就好了。舉例來說，推出新口味的口香糖的時候，在路上隨機發放試吃品幾乎不會有效果。拿到的人雖然會放進嘴裡，但他們會記得是什麼口香糖嗎？如果是我，我會散布可以免費拿到口香糖的地點的訊息，這麼一來，就能把口香糖交到對零食感興趣的人手上。

我也想嘗試類似這樣的企畫：請情侶從兩端開始吃口香糖，並拍下照片上傳到社群網站上，最後投票選出十對最佳情侶，將可以免費獲得一年份的口香糖。

另外，大家雖然會下載LINE的企業貼圖，但幾乎不會使用吧？因為吉祥物都不怎麼樣（笑）。如果把這種事情交給我，一定能想出劃時代的提案。企業界的各位，快來找我吧（笑）。

現在回想起來，我開始使用推特，是因為吉川雛乃在外景巴士上問我：「淳哥，你有在用推特嗎？」我問她：「那是什麼？」結果她說：「不用就落伍了喔！手機拿來，我幫你申請帳號。」然後一下子就把帳號申請好了。所謂的契機，就是這麼一回事吧！

「按讚」不用想太多！使用臉書的社交術

我的臉書可以說是因為台灣人才開始使用，我在台灣主持節目之後，幾乎每一個人都會跟我說：「開個臉書帳號吧！」臉書在海外的使用率很高，但我總覺得用起來不是很順手，無法擺脫外來品的感覺，要說粗糙的話，也確實是粗糙。

說到臉書，最有名的就是「按讚」了。我覺得，最好把「按讚」當成單純的確認按紐，用來表示「我看到了！」的意思。或許有人會覺得，悲傷的留言似乎不太適合「按讚」，但我認為還是把「按讚」當成「我看到了！」來理解，不需要想得太深入。

如果發現長輩或上司的臉書頁面，就一定要「按讚」。為了經營與他們的關係，最好不斷的「按讚」，應該說按下去就對了（笑）。沒有人會因為被按讚而生氣。我雖然不喜歡這種缺乏原則的感覺，但是對社會人士來說，沒有比「按讚」更好的禮儀了。只不過，「按讚」之後，自己的頁面上也會出現關於對方的訊息，如果不想看到，只要在「按讚」之後保持朋友關係，但「取消追蹤」就好了。

除了幫長輩或職場的上司「按讚」之外，我個人是不太推薦臉書，我只會在把照片上傳到 Instagram 時，與臉書連動而已。

但要是把臉書與推特連動，推特上的貼文就會不斷的在臉書上更新，會對別人造成困擾。在推特上頻繁貼文的人，請不要與臉書連動，會很煩人的。

已經取代電子郵件了嗎？LINE的社交術

LINE最適合小型團體分享資訊，我也建立了許多群組，像是經紀人群組、朋友群組、各個節目的工作人員群組、烤肉夥伴群組等等。和女性朋友則沒有建立群組則沒有建立群組的必要，或者應該說，建立群組是麻煩的根源，能免則免（笑）。

現實社會中，許多大型組織或公司的各個部門也都開始用LINE了。群組外的人不會發現誰跟誰建立了群組，所以LINE也是方便講悄悄話的工具吧（笑）。

我甚至越來越覺得，不會管理 LINE 群組的人，幾年後一定會落伍。想要創造與老闆、高層、上司等上位者對話的機會，就從問他們：「您有在使用 LINE 嗎？」「我們來建立群組吧！」開始如何呢？

不過，LINE 是韓國公司，在南北韓關係持續緊張的情況下，就國防觀點來看，資料有可能會被竊取。但說到竊取資料，就算是公司的電子郵件，也一樣會被系統管理者看到。所以說，不為人知的電子郵件，或是祕密的社群網站等等，根本就不存在。當我聽到政治家帶點自豪的說：「我有在使用 LINE ！」我就會在心裡暗想：「也太缺乏管理意識了……」電話也是，電視上也報導過德國首相梅克爾的電話遭到竊聽的新聞。

但是，我想要反過來利用這個監視社會，多了解這些社交工具的特性，主動發動攻擊，讓人們看見我想展現的事物，隱藏不欲人知的事情，盡情發揮社交術來與世界連接。

一隻手機就能直播的時代

我原本是個科技白痴，直到遇見一位東大生之後，才開始對科技產生興趣。有一天，我為了經營的網站「小淳的假日」的活動，召集工作夥伴。其中有個年輕人一直用手機拍我，我問他：「你在拍照嗎？」他說：「不是喔，我在拍影片。」我詳細詢問之後才知道，他在網路上直播「小淳的假日」的活動現場。他用的直播軟體是TwitCasting。

「什麼？透過手機就能對全世界直播？」這件事情讓我大吃一驚。電視台在直播的時候，需要做非常多的準備。器材師、攝影師、導播、助理導播、造型師、燈光師、音響師等工作人員，得在好幾個小時之前先到直播地點進行場勘、排練，才能正式播出，費用也相當驚人。

但這位東大生卻說他用一支手機就能直播。我清清楚楚看見時代發出喀啦喀啦的聲音，正在改變樣貌。他在直播之前就做過各種測試，像是如何配合訊號狀況傳輸、用哪種角度拍攝比較好之類的。那時候智慧型手機才剛推出，觀眾大概只有五、六個認識的人吧！但他不是電視台，而是個人，能夠做到這種程度真的讓我很震驚。對我來說，這大概就是繼產業革命之後的「社群網站革命」吧。

社群網站確實蘊藏著危險性，我也不會雞婆的建議不感興趣的人使用。因為從前的我也是一樣，儘管腦袋知道，但如果沒有這種震撼靈魂的感受，就算進入社群網站的世界，也只會浪費人生有限的時間而已。

不過，我認為透過社群網站帶來機會的時代遲早會來臨，如果想要布局，及早開始經營還是比較好，這是我每天反覆失敗與學習的感想。

Chapter 3

開放提問！
回答大家的社交困擾

我覺得自己連一百分的一半都不到，是個三十五分左右的男人，但是每天都有學生、家庭主婦、社會人士等許許多多的人，在我的推特等社群網站上留下各種煩惱。

我自己只有高中畢業，也沒有上班的經驗，為什麼會留言給我呢？問一個三十五分男人這麼困難的問題能夠獲得幫助嗎？我雖然充滿惶恐，但還是把所有的留言全部看過了。然而，如果大家的人生被我這個三十五分男人的建議搞得一團亂，我也無法負責，所以我不太回覆這些留言。

這次，我試著在推特上問大家：「各位有沒有什麼想要再次問我的問題呢？」我用自己的方式解釋至今為止收到的留言，還有這次得到的新問題，試著整理如下。各位如果願意的話，可以參考看看。

網友提問

怎麼做才能交到朋友呢？

我的社群網站頁面中，最多的就是這種「想要知道如何與人產生連結」的留言。覺得自己交不到朋友的人，有沒有可能是因為太在意別人的眼光、太顧慮周遭的氣氛呢？

我覺得自古以來，任何人或多或少都會擔心：「說這種話會不會被討厭？」或者「我不想被當成怪人⋯⋯」但似乎從某個時期開始，這樣的強迫觀念又變得更強烈，大概是二〇〇〇年，網路留言板開始將「不會看氣氛」稱為「白目」的時候吧。在網路上，「不會看氣氛」的人被貼上「惡劣」的標籤，承受著強烈的同儕壓力。交不到朋友的人，可能就是因為太害怕自己成為白目的人，不敢主動發言、積極行動，這麼一來就無法拓展人際關係。

但又為什麼必須看氣氛呢？我覺得不看氣氛也無所謂。有些人不看氣氛也活得很自在，我反而覺得他們這樣很酷。所以請不要太在意，積極的破壞氣氛吧！就算你這麼做，還是會有人願意找你說話，這樣的人就是你的朋友。

我的回答

不要再顧慮氣氛了！

網友提問

要如何培養「溝通力」呢？

把溝通能力簡稱為「溝通力」的人，是因為覺得所有人都看得懂這個簡稱，所以才這樣使用吧？

我覺得這種提問方式本身就有問題。因為被問的人，並不知道提問的人想要培養哪種能力。想要提高溝通能力，首先，請更體貼的站在對方的立場，說明自己想知道的事情。

我的回答

首先，從站在對方的立場，提出問題開始！

網友提問

我是個新人，聚餐時資深前輩坐在我旁邊，我應該主動靠過去說話嗎？還是等他跟我說話比較好？

我只能說，由先注意到對方的人主動靠過去說話（笑）。

如果是這位提問者先注意到資深前輩的存在，就透過問問題拉近彼此的距離吧！

我們的目的在於拉近與資深前輩的距離，所以問什麼都無所謂，譬如：「您放假的時候都在做什麼？」「您都喝啤酒嗎？」「您老家在哪裡呢？」只要提出兩、三個無關痛癢的基本問題就可以了。

我如果在餐廳遇到大公司的老闆或名人，又碰巧坐在一起，我的反應也會和這位提問者一模一樣。因為太緊張了，也問不出什麼深入的問題來，但如果從「您放假的時候都在做什麼？」這種輕鬆的問題切入，對方在幾杯黃湯下肚，放鬆下來之後，也會出乎意料的坦率回答。

關於興趣的話題，也有打高爾夫球、爬山健行、釣魚、潛水……前輩們也都活在充滿壓力的社會，即使不到釋放壓力的程度，但他們還是會很想說話，想得不得了（笑）。

但如果前輩開始跟我聊我完全沒興趣的話題，譬如「釣魚」，那該怎麼辦呢？很簡單，只要假裝有興趣，仔細聽他說就可以了。我們的目的是拉近彼此的距離、釋放壓力，所以放輕鬆就好了！

如果以為自己在這種場合必須說一些風趣的話，那就錯了，我們不需要表達意見，甚至應該要避免多說話。前輩應該也不想知道別人的意見（笑）。前輩問我們問題時，再回答就可以了。但多數的情況下，前輩只希望有人聽自己說話，所以我們只要當聽眾就行了。

任何人都一樣，聊到自己的事情時，如果有人能夠靜靜的傾聽，我想無論是誰，都會開始覺得：「這個人應該可以交心。」

「職棒」曾經是從前上班族的共同話題，老闆或經理大多是巨人隊的球迷，新進員工只要閱讀早上的體育新聞，了解前一天的比賽過程，就能在跑業務的時候活用這些消息，把話題帶到比賽上。就某種意義來說，當時真輕鬆啊（笑）。

但是現在娛樂也變得多樣化，光是運動，就有足球、網球、橄欖球、格鬥技、賽車、高爾夫球、相撲、馬拉松等等，大家的共通話題減少，取而代之的是，鑽研某個領域的人增加。這樣的鑽研缺乏普遍性，平常沒有機會聊到，所以憋得很辛苦，很想找個人說說。**我覺得能夠引導別人說出這些話的人，就能成為可靠的人才。我是三十五分男人，所以努力的對別人鑽研的事情保持謙虛。**

我的回答

先主動靠過去說話，接下來就當個聽眾吧！

網友提問

我與父母發生誤會，連續好幾天彼此都不說話。該怎麼做才能與父母和好呢？

我想提問者自己也察覺到，這個問題已經有答案了。

你想要修復彼此不說話的關係，那麼只要說話就可以了。所以，請你主動跟父母說話吧！

我的回答

請主動跟父母說話！

網友提問

怎麼樣才能避免上司生氣呢？

我在中學時加入籃球隊，社團老師很凶，當時我也曾經因為不想挨老師的罵，還想出挨罵的技巧。

任何人都不想挨罵吧？但是要創造出完全不會被罵的環境很難。既然如此，首先就從**習慣挨罵**開始如何呢？

現在大家族減少，左鄰右舍也不會出現凶惡的大叔，我覺得，不習慣挨罵，是現代年輕人的不幸。現在的老師也不會像我小時候那樣大發雷霆了。**不曾被罵的人，或許會以為被罵絕對是壞事，但反過來說，被罵也代表對方注意到你，把你放在心上。**

習慣挨罵的我，可以給你的建議是：在日常生活中，即使被罵得**體無完膚，之後多半也不會發展成什麼嚴重的事情，所以就安心挨罵吧**（笑）。

工作上提出提案時，如果上司咆嘯：「你以為我會允許這種隨便的案子嗎！」我一定會在心裡暗暗叫好，因為我能夠趁機一口氣拉近與上司的距離。生氣的人亢奮，我卻冷靜，哪一方比較有利呢？請仔細觀察。

發揮社交術的時候，冷靜的一方壓倒性的有利。

如果對方生氣，只要冷靜思考說服他的方法就行了。看在周遭的人眼中，這是「成熟的應對」。就我的經驗來看，無論是小學生還是社會人士，這都是普遍的法則。

我覺得，被罵得狗血淋頭，反而有九成的機率能夠與對方熟稔起來。

對方把至今為止累積的鬱悶與壓力一股腦的倒給自己，我們就乖乖的承受，把話全部聽進去。對方也會因為把話說出來了，覺得心情一下子變輕鬆。

就我的經驗來說，**不管是愛嘮叨的類型，還是愛說大道理的類型，都可以用相同的方式應對。挨罵不需要特別的技巧，只要把話全部聽進去就對了。**

最後，我會讓對方知道自己的決心：「我會記住您的提醒，並將這些建議應用在自己未來的人生中。」

總而言之，現在這個時代，每個人心中都累積了許多不平與不滿，我們要做的，就是聽對方傾訴他的鬱悶。

不習慣挨罵的人，聽到別人破口大罵，會因為恐懼與混亂，臉部肌肉不受控制，看在對方眼中就像是在傻笑。被罵的時候，如果不收下巴，看著對方的眼睛，表現出正在反省的樣子就沒有意義。我會在下一個問教大家具體來說該怎麼做。

我的回答

要避免別人生氣很難，所以我們只能習慣！

網友提問

上司說教的時候，我明明沒有笑，卻被破口大罵：「有什麼好笑的！」

我還是菜鳥藝人的時候，因為沒有工作，在家時我會一直照鏡子。工作或人生碰壁的時候，表情難免會變得僵硬，感情與表情不一致，就無法好好把情緒傳達給對方。

你的包包裡有沒有放一面小鏡子呢？鏡子就是你需要的物品。如果是在家裡或公司，請走到家中或公司的廁所，透過鏡子觀察自己的臉，看看自己挨罵時是怎麼道歉的。

我還是菜鳥的時候，也會看著鏡子練習道歉的技巧，找出不會讓對方大罵「你在笑什麼！」的表情。

除了道歉的表情之外，我也經常檢查自己的笑臉。原本以為自己展現的是敦厚的笑臉，在鏡子中看起來卻像是在苦笑。請客觀的觀察自己的嘴角是上揚還是下垂，雙眼有沒有睜大，或者總是垂著眼睛，看起來缺乏自信。請好好琢磨感情與表情，直到兩者一致為止。

即使是現在，我上節目的時候也會準備鏡子，覺得自己開始緊張的時候，就觀察自己的臉，這麼一來，心情也會緩和下來。

如果平常沒有練習，就無法笑得自然。皮笑肉不笑或諂媚的笑是最不及格的笑容，這些表情會立刻出現在電視上。所以我必須靠練習來培養技巧。

平常使用智慧型手機的鏡頭或鏡子APP來確認自己的表情，或許也不錯。

我的回答

請看著鏡子，練習讓感情與臉部表情一致！

網友提問

前輩在說教的時候，很容易動怒，還會大罵：「你把我當白痴嗎？」

這也是關於挨罵技巧的問題。除了表情之外，就我的經驗來說，發怒的人似乎也很在意對方回應的方式。

有沒有可能，前輩還在罵人的時候，你就搶著回應「是」或「對不起」呢？挨罵的時候，我的社交術是，在對方罵到一個段落之前，絕對不可以插嘴回應「是」或「你說的沒錯」之類的。

被罵的時候，最好不要打斷對方說話，要讓對方把話說完，看準逗點（，）與句點（。）的時機回應。

回應的時機巧妙，對方也會覺得：「我把想說的事情都說出來了。」而變得神清氣爽。如果我們能夠好好應對，讓對方產生這種爽快感，對方反而會反省：「我好像說得太過分了⋯⋯」

我還會在最後表明，我會記住前輩的提醒，並且好好應用。這麼一來，前輩也會對我們產生信任。

回應的方式也必須注意，聲音太大或太小都會觸怒對方，所以平常就要用手機等工具，錄下自己說「對不起」或「是」的聲音聽聽看。

我在還沒有擔任主持人的菜鳥時代，也曾經練習大約五種用在不同場合的「是」、「對不起」與「謝謝」。只要錄下來，立刻就能知道

「這麼說不行」。譬如「是」，就有被前輩叫到的時候，有精神的回應：「是！」對方破口大罵「你給我好好想一想」時，帶著反省意味回答：「是。」以及聚餐的時候，別人安慰我「不要在意」時，堅強的說：「是……」（笑）熟練之後，就是相當便利的社交術，請試著做各種練習。

附帶一提，聽發怒的人說教，並不代表「認同」。即使不覺得自己有錯也能好好道歉，**這才是三十五分男人的社交術。因為很多時候對方只是在對我們發洩情緒，要是我們完全接收這些情緒垃圾，自己也會變得鬱悶。**因此，與其說是聽對方說教，不如說是表現出聽對方說教的樣子，讓對方消氣。如果真的有話要說，就等對方冷靜之後再說。

我的回答

你是不是在對方罵到一個段落之前，就插嘴呢？

網友提問

打工地方的店長把大量工作丟給我，讓我很煩惱……

我在走紅之前，也輾轉做過不少打工。這也讓我發現，看起來很輕鬆的KTV店員或錄影帶出租店的店員都出乎意料的忙碌。我在某家錄影帶出租店只待了三天就辭職了，因為那裡每一位店員要管理的錄影帶數量超乎想像的多，而我判斷這個數量超過我的負荷。

當然，我也有做過持續很久的打工。有家義大利料理店把廚房交給我負責，還升我到主任階級，我不僅在廚房調理，他們也信任我，把鑰匙交給我，讓我自己開店。但是那裡有一位討厭的前輩，我因為喜歡料理所以可以忍受，他卻把驚人的工作量推給我，逼得我忍無可忍。於是，我出言反擊：「如果明天我不來了，這間店就無法運作，你跟我說話之前考慮過這點嗎？」結果情況不但好轉，連待遇也變好了。

如果你想改善狀況，可以試著把自己對這家店的貢獻寫下來，然後冷靜的反問店長：「如果我不來的話，這些全部都會變成您的工作，您希望事情演變成這樣嗎？」

我的回答

把自己辭職之後會造成的困擾寫在紙上，拿給店長看吧！

網友提問

要如何寫出好的電子郵件，或社群網站上的文章呢？

不管多麼簡短的電子郵件，我在寄出去之前一定會出聲讀一遍。就算是工作時和經紀人一起搭車，我也會小聲的在嘴巴裡讀。在餐廳或休息室裡也是如此。這麼做能讓我先把訊息「發給自己」。

讀出來之後，我就能發現哪邊應該喘口氣再進入正題比較好，或者哪裡應該換行比較好讀，還是不應該換行，而是要加入空格等等。這也是對閱讀者的體貼。

我與某位知名企業的老闆喝過酒後，隔天早上寄給他的道謝信大概是這麼寫的：

致〇〇先生：

昨天非常感謝您。餐點相當美味，與您用餐很愉快。

和您見面之後，讓我對「破壞與創造」這句話印象深刻。

我會將這句話銘記在心，並且試著運用在未來的人生中。

這封電子郵件是在隔天中午（因為我早上起得很晚）打出來的。但我怕午餐的時候寄過去會打擾到對方吃飯，所以覺得午餐時間過後再寄比較好。

我不管和誰見面，道謝的時候都會把當時聊到的內容或印象深刻的話寫進去。有時候也會忘記當時說了些什麼，為了避免這種事情發生，我會在當下就記到手機的備忘錄。那時候也是如此，我在對方去上廁所的時候，在手機備忘錄裡寫下「破壞與創造」這幾個字。只要多花一分鐘的時間，或許就能帶給對方持續一輩子的好印象，何樂而不為呢？

附帶一提，與後輩見面也要寫信道謝，但只要寫「昨天謝謝你，下次再聊！」就很夠了（笑）。有些後輩會自己雞婆，在寄給我的信後面附上一句：「淳哥，我想您應該很忙，就不用回信了。」遇到這種傢伙我都會故意回一封長長的信給他。決定要不要回信的人是我（收信者）。很多後輩都沒有發現這種自以為是的體貼會造成反效果。

我的回答

信寄出去之前，請出聲讀讀看！

網友提問

我不小心把原本要寄給某人的電子郵件寄給其他人了。該怎麼辦才好？

這是在愛情中成為夾心餅乾的狀況嗎？還是工作上的郵件呢？寄出去的郵件收不回來，所以，如果是我的話，會老實說出自己的心情。這麼寫如何呢？

你已經讀了昨天那封信了吧？其實我那時候喝得爛醉，關於信裡面的內容，一半是真的，一半只是我的幻想。我想要修正，並且老實跟你道歉。
如果今後再發生同樣的事情，請你毫不留情的對我大吼，並且把我從通訊錄上刪掉（笑）。
道歉時必須像這樣直率，又加上有點開玩笑的感覺。
寄出去的信件無法收回，所以我想只要把打從心底反省的感覺傳達給對方就可以了。

我的回答

請你老實的道歉！

網友提問

該怎麼做才能受歡迎呢？

我覺得，所謂的「受歡迎」也有各種意義。如果你是不敢搭訕的人，請參考下一個問題的回答。

至於已經有追求的對象，對方卻不喜歡你，則多半屬於搞錯自己「賣場」的例子。譬如服飾賣場，如果把平價Ｔ恤放在高價服飾的賣場裡，顧客也不會伸手去拿。人也一樣，把價值還不高的自己，放在高價商品的賣場，想要賣出去就是奢求。

三十五分的人，不可能一下子和七十分的人交往，所以首先，請五分、五分的，慢慢增加自己的價值。

「乾淨」、「溫柔」、「風趣」、「經濟能力」、「家世」、「擁有夢想，個性浪漫」、「料理」、「認真」、「性感」、「幼稚與成熟的平衡」，要不要試著把能夠培養的特質一個一個培養起來，讓自己五分、五分的往上加分呢？這裡列出來的特質有十個，如果全部都能培養起來，就能為自己增加五十分。

我覺得，就算是天生長得特別好看的帥哥，光靠臉來決勝負也頂多只有六十五分。三十五分男人只要五分、五分的往上加分，總有一天能超越他。

你覺得自己為什麼不受歡迎呢？請找一張白紙，試著把原因條列下來，一定能夠從中得到一些發現。

勝負的關鍵就在於能不能逐步改善，可以為自己加多少分。不要著急，慢慢的為自己加分吧！

我的回答

為什麼不受歡迎呢？

請試著在紙上寫下自己的分析，並思考如何改善！

網友提問

該怎麼做，才能把自己的心意傳達給喜歡的人呢？

光靠電子郵件或社群網站不會有結論，必須實際約對方出來見面，傳達自己的心意。有些人會因為緊張而無法好好說話，既然如此，就要練習不害羞的說話術，這也是對異性告白的社交術。

首先，請走出家門，到人多的街上，隨便找個人問該怎麼走到附近某個比較知名的地點。這個方法是我剛到東京時，為了習慣人群而做的練習，實際執行的地點是在中野站附近。我來到人多的街上，試著向人問路，譬如推銷商品的大姊、路過的粉領族，任何人都好。總之，我試著請一個個擦身而過的人為我指路。

只是問個路而已，不會有人發脾氣的。雖然也有不少人用懷疑的表情看我，「你要不要自己查地圖？」「這是搭訕嗎？」但我只是在問路而已（笑）。如果對方看起來不高興，我就有禮貌的道歉，離開那裡就好了。

有時候也會出現非常好心為我指路的女性。當這樣的「成功經驗」累積越多，我就越有自信，覺得「我可以好好跟人說話」、「我搭訕的方式並不奇怪」。

請你也培養出這樣的自信，把你的心意傳達給心儀的對象吧！

此外，像這樣問路，有時候也會遇到長得非常漂亮的人，這時候還能練習搭訕的技巧（笑）。問路之後，如果對方沒有起疑心，就能展開下一步。對方告訴我怎麼走之後，再試著問：「你可以帶我過去嗎？」如何呢？（笑）成功率當然很低，但我認為，這是搭訕的技巧還不純熟的緣故。這時就有禮貌的道歉並道謝，接著再繼續反覆問路的練習就可以了。只要持續練習，上天一定會給你回報。

附帶一提，如果想給喜歡的人印象深刻的告白，要不要試著把自己心裡想的事情親筆寫在紙上，交給對方呢？

我和老婆以前交往的時候，曾經分手過一次，但我無論如何都想再見她一面。但是，該怎麼將「我想再見她一面」的心情傳達給她，讓我非常煩惱。我當時正在學習書法，於是，我每天一次，用毛筆在宣紙上寫下她的名字，累積到一百張時，我就帶去見她。這個方法弄不好，很有可能被當成變態（笑），所以就某種意義來說是一種賭博，但是我賭贏了。

我想很多人都有這樣的煩惱：「就算叫我寫信，我也寫不出好文章啊……」

優美的文章我也不會寫，但如果是為了達到目的而寫的文章，我卻很有自信。

高中的時候，我曾經因為吸菸遭到停學處分，導致來不及完成建築科的製圖作業，因此，我把學長前一年的作品借來抄，結果演變成嚴重違規的竊盜和作弊，被罰無期停學。

停學期間，我每天都要寫悔過書，寫了整整一個月。因為每天都要寫，至於要如何反省，我已經變不出新花樣了。這項作業很痛苦，因為不管我是不是真心反省，都必須編造出看起來像是在反省的文章。黔驢技窮之後，甚至還寫出：「我看著無窮無盡的遼闊天空，反省自己的渺小……」這種東西（笑）。

寫悔過書的目的，就是要讓師長看到「我已經在反省了」，這就是社交術。

我覺得戀愛的告白也一樣。如果沒有辦法口頭表達自己喜歡對方的心意，為了讓對方知道「我喜歡你」，要不要試著寫出大約一百個「自己喜歡對方的理由」呢？最好是親筆寫，再親手交給對方。

我的回答

先從問路開始如何呢？接著試著寫出自己喜歡對方什麼地方。

Chapter 4

田村淳的日本異論・激論

日本真的需要東京奧運嗎？

主持人不能隨便調侃奧運得牌者

二〇一三年九月

這是連載的第一回，我打算來聊聊將在九月七日決定能不能實現的二〇二〇年東京奧運。我出生於一九七三年，所以不知道上一次在一九六四年舉行的東京奧運盛況。根據電視上看到的情景，我想像上一次東京奧運時，大概整個日本都瀰漫著即將躋身世界少數先進國家之列的興奮與朝氣。

那是新幹線與高速公路開始建設、電視邁向彩色化的時代，全體國民應該就像電影《永遠的三丁目的夕陽》所描寫世界的一樣，相信日本一定會成為更好的國家。之後過了大約六十年，現在的東京都知事豬瀨直樹再度積極爭取申辦東京奧運，但就我看來，全體國民卻缺乏那種興奮的心情。

我接受建議，別上了申辦徽章。這麼說雖然不太好，但奧運是能夠有效引爆經濟成長的大型活動，由發展中國家舉辦，是不是比由日本這種先進國家舉辦更好呢？我覺得同屬候選城市的土耳其伊斯坦堡，如果能夠能為第一個舉辦奧運的伊斯蘭教城市，應該會很酷。

日本是如此和平又富足的國家，即使建設再多的體育館等設施，也無法解決另一方面人心越來越貧瘠的問題，不是嗎？

政治家表示，奧運能夠增加雇用機會，這是贊成舉辦奧運的人的說法，但是對於這種說法，幾乎沒有年輕人會相信「對，你說的沒錯」。

奧運如果只是一時的祭典就算了，但奧運結束後的維護費用，將變成後世的負債。我彷彿可以看見年老的自己對孫子道歉的身影：「就是因為當年舉辦了奧運，現在才會變成這樣啊……」

另外，申辦奧運的氣氛炒不起來還有另一個理由，現在不管在哪個國家舉辦，透過衛星轉播，要看多少比賽都可以。這麼一來，與其在東京比賽，半夜三點看日本國家女子足球隊在地球的另一端開球，不是更有重要活動的氣氛嗎？

電視圈也不歡迎奧運？

另一方面，索契冬季奧運也將在明年舉行，花式滑冰選手安藤美姬的動向是個話題。我從以前就很喜歡「二」這個數字，總是注意位居第二的人。花式滑冰界第一名的選手是淺田真央，所以我一直思考安藤美姬今後會如何發展。安藤選手將如何對抗純真又擁有絕佳表現的淺田選手呢？讓我越來越難把注意力從她身上移開了。

現在也有很多得奧運牌者成為藝人，他們是各個領域的頂尖人物，我很尊敬他們。但是要上電視或擔任解說員，就必須懂得如何對觀眾表達。我一開始也覺得游泳選手岩崎恭子的表達能力完全不行，但她現在已經相當熟練了呢！

馬拉松選手增田明美就發揮她在馬拉松領域的專業，她頻繁的到世界各地採訪，即使是超過兩個小時的馬拉松轉播，也能靈活的傳達選手的心情，讓觀眾看不膩。高超的轉播技巧，這就是不折不扣的娛樂吧！

相較之下，松野明美選手則是直接把「跑者的愉悅」帶進演藝圈（笑）。運動員出身的藝人很多都是這種類型的吧？松野選手說話不用換氣，好幾次都因為其他人插不上話而遭到節目制止，但她依然我行我素，真是個傻大姊。

柔道的谷亮子選手則是好不容易成為國會議員，但她卻說：「我不會放棄柔道。」看吧，出現了，搭順風車的國會議員。我其實也希望她可以專注在柔道上。

主持人不能輕易調侃代表日本國旗而戰的得牌者，這是日本電視圈的默契。對電視從業人員來說，奧運是個難處理的主題。要是取得奧運主辦權，比賽期間，黃金時段一定會做現場轉播，這麼一來，同時段的其他節目就必須絞盡腦汁想出可以吸引相當於目前三倍觀眾的企畫。這怎麼可能辦得到！

所以我覺得業界其實不太歡迎不在平日半夜轉播的東京奧運。

基於上述理由，我希望九月七日發表的奧運主辦城市是土耳其的伊斯坦堡！但如果最後決定是東京，我也是會支持的。

我現在的想法

這篇文章聊到二〇二〇年奧運的地點。在石原慎太郎擔任東京都知事期間，反對東京舉辦奧運的聲浪很大，當時我考慮到債留子孫的問題，也覺得在伊斯坦堡舉行比較好。加上國家的財政赤字持續擴大……這個想法雖然沒有改變，但是當我看著電視，聽到大家大喊「東京！」的時候，依然感動得熱淚盈眶。

原本打算要有效利用東京一隅的奧運，卻因為場地無法使用、無法建造等問題，開始出現在關西或福島等地舉行的提案，規模似乎會變得比想像中更大，這也很困擾。

不過，屆時會有許多海外選手前來，我也想讓他們知道三一一大地震造成的災害還沒有結束。這場東京奧運或許是告訴全世界，核電廠的處理完全沒有進展的好機會。

如果有望得牌的選手表示：「不想去日本，因為日本很危險。」大家應該就會認真追究日本是不是真的安全，擁核派、反核派，誰說的才是真的。如果政府所說的「狀況已經獲得控制」是真的，那麼只要出示證據，光明正大的邀請選手來就可以了，這麼一來，國民也能知道福島真正的現況。

我曾經帶著借來的蓋格計數器去福島，但不同地方測到的數值差異很大，到底是反核派「輻射至今還在外洩」的聲音正確呢？還是政府所說的「現在就算跑馬拉松也很安全」才是對的呢？考驗著各國的智慧。

前幾天我經過代代木時，新國立體育館的工程預定地已經圍起圍籬，我的感想是：「什麼？體育館的地點竟然延伸到這裡？」

地點就剛好在拉麵店「希望軒」附近，我非常驚訝，真的要蓋這麼大的東西嗎？這讓我懷疑，財界、政界、承包商是否都大幅參與其中，想分一杯羹呢？蓋這麼大的新國立體育館真的好嗎？

我覺得國民似乎也沒什麼監督的意願，總覺得大家的態度都是「已經決定好了，我也沒辦法」、「反正也不能推翻」，但是我一定要睜大眼睛看。

另外我也認為，如果對東京奧運這種國家舉辦的活動唱反調，提出議論，就會立刻被網友批評「你不是日本人」的風潮也不太好。

戀愛與選舉是藝人的禁忌？

我不會在休息室勾搭偶像，請大家放心

二〇一三年十月

指原莉乃在六月的「ＡＫＢ48選拔總選舉」中獲得第一名，並在八月發表的新單曲〈戀愛的幸運餅乾〉中，拔擢到中心位置。她雖然因為緋聞照片被刊登在八卦雜誌上，被放逐到博多（ＨＫＴ48），卻沒有因此而退團。對於她的處境，粉絲的意見似乎相當兩極。但她具備讓製作單位無法割捨的特質，這就是她實力吧！

指原之前就留下不少實績，不僅能夠掌握綜藝節目的節奏，也參與

製作，因此即使戀愛曝光，也能繼續待下去。對經紀公司來說，她是重要的人才。而且秋元康不是也說了嗎，AKB沒有禁止戀愛，希望粉絲能夠諒解這點。

偶像因戀愛而美麗

反過來說，指原也是因為談了這場戀愛才變得這麼漂亮。這雖然與偶像追求的「處女性」相反，但依舊是自然的真理。我覺得，偶像必須維持「處女性」，是因為她們肩負著為粉絲而存在的使命。但另一方面，為了讓自己更有魅力，身為女性，也必須談戀愛、變美麗。這是二律背反的悖論。

如果禁止戀愛，就無法發揮她們潛藏的力量。我希望如果是真正的粉絲，聽這樣的消息，也請裝作不知道。一個偶像成不成功，要看她能不能與粉絲建立信賴關係，讓粉絲對小道消息聽若無聞。成功的偶像，在這方面一定能夠達到絕妙的平衡。指原或許是少數特例，不過話說回來，她也不是典型的偶像。

說到戀愛，電視圈有一個不成文的默契，就是不能與來賓搞在一起。我以前不知道有這條守則，但我現在已經很守規矩了。然而，不管從以前到現在，到休息室拜碼頭的新人，只有來到我的休息室時，身旁會跟著一名身強力壯，彷彿是要保護她的經紀人（笑）。有時候甚至是經紀公司的老闆直接帶她來拜訪……為什麼區區一名藝人的我，非得跟其他經紀公司的老闆打招呼不可，真麻煩。我才不會蠢到在休息室交換連絡方式和電話號碼呢，當我是白痴嗎？我當然有其他更好的方法啊（笑）。

我想對山本太郎說

換個話題，山本太郎在這次的參議院選舉中成為暴風的中心，最後依然當選。

我和山本太郎第一次合作，是在一九九八年《白金倫敦靴子》節目上。太郎小我一歲，當我還在故鄉山口縣讀高中的時候，他就已經出現在《打氣電視台》節目的「舞蹈甲子園」單元中，當時的封號是「最強的素人」。「竟然有這麼有趣的高中生！」我那時是帶著有點興奮緊張的心情看他上節目。

太郎與我年齡相仿，看著他搶先在電視上受到矚目讓我有點忌妒。太郎上《白金倫敦靴子》的時候，就是一個淘氣又討厭不合理事情的傢伙。那時候，我們在節目上玩射擊遊戲，大家明明講好要怎麼把對戰的氣氛炒熱，就只有太郎迅速的帶著兩把槍衝進敵營，大叫：「我贏了！」我還對他喊：「太郎，不是那樣。重來一次！」

現在的狀況也是一樣。他的理念雖然沒有錯，但是方法卻不太對。我也想對他說：「太郎，不是那樣。重來一次！」（笑）

太郎的主張是，如果不先打造出安全、零核電的社會，讓觀眾可以放心看表演，他就無法繼續演員的工作。這個主張雖然沒有錯，但是，喂，你辦得到嗎？

雖然太郎一直邀請我：「一起參加反核遊行吧！」但是我還想待在電視圈，有些事情必須透過電視才能傳播出去，所以我不想做出會讓自己上不了電視的行為。不過，我還是想對太郎說：「如果你認為正確就去做。我覺得發起行動很了不起！」

去年底，我看了他在自由報導協會宣布參選的網路直播記者會。我那時心想，電視新聞因為尺度限制的關係，很多事情無法完整的報導出來。太郎能讓活了三十九年的我對新聞產生這樣的思考，真是太厲害了。

昨天晚上我也和年輕的創業者一起喝酒，我們的話題幾乎都圍繞在太郎身上。我覺得太郎的當選，光是能讓每一位挑起日本未來的年輕人熱烈討論，就已經有意義了。

我現在的想法

關於偶像的八卦雜誌騷動，我現在依然沒有改變對這件事情的想法。偶像要實現粉絲永遠的夢想，必須維持幻想中的「處女性」，所以我希望她們能夠在不曝光的條件下談戀愛。

至於經紀公司老闆，為了避免新人被我搭訕，帶著新人來我休息室拜碼頭的儀式，在我結婚的同時，就「啪」的一聲消失了。我在婚前與婚後明明完全沒有改變，真的很不可思議。

看到政治家山本太郎的出現，以及他之後的活動，我覺得贊成與否另當別論，有新型態的政治家出現就是好事。

看不出來選民喜不喜歡的政治家是最有害的，就這點來看，喜歡山本太郎的人與討厭山本太郎的人涇渭分明。所謂的政治家，不就是具備清楚信念的人嗎？

「生活黨與山本太郎與夥伴們」這個前所未有的黨名，雖然讓人覺得：「喂喂，這種開玩笑般的名稱也可以啊？」但是打破前例也是重要功績。這也是因為有山本太郎這樣既非政治家族，也沒有樁腳的新人出現，才有可能做到。所以我覺得往好的方向解釋就可以了。

我覺得他在園遊會這樣的場合，直接遞交福島核安問題的請願信給天皇不太好，感覺他的背後似乎有人在下指導棋，我不是很贊同。想在政界發揮社交術，必須從更高的角度俯瞰事情才行。我在連載時，雖然呼籲他「重來一次」，但看到現在的他，我想對他說：「請往前衝吧！」

我認同他獨特的奮鬥方式。你問我要不要與他一起奮鬥？如果他參加古賀茂明先生成立以「要改革，不要戰爭」為理念的「第四象限黨」，那就有可能。

關於宮崎駿的退休宣言

雖然瀟灑，但我還是希望宮崎駿導演反悔

二〇一三年十一月

二〇二〇年奧運決定在東京舉行了。

電視轉播國際奧委會大會當晚，我剛好參加搞笑藝人前輩的慶生會。凌晨四點左右，奧運主辦地點差不多要出爐了，我打算看完再回家。我與前來祝賀的二十多名搞笑藝人，屏息等待發表的瞬間。

我曾經說過，我是支持由伊斯坦堡取得主辦權，但是，當大家開始

大喊：「來吧，東京！來吧，東京！」置身其中的我，還是被大家的熱情感染了。尤其在候補地點由三組變成兩組，進行第二階段的最終投票時，因為大家的激昂熱情，在這一瞬間，我突然轉為支持東京了（笑）。

說起來實在很不好意思，那種熱血，和在世界盃足球賽為日本代表隊加油的氣氛完全不一樣。當國際奧委會主席雅克．羅格宣布「TOKYO」的瞬間，我全身的雞皮疙瘩都豎了起來（笑）。這樣的體驗，在我人生當中還是第一次。

在那個場合，持反對意見的就只有我一個，群眾心理還真是恐怖啊（笑）。也許之後還會有各種問題浮現，但既然都拍板定案了，我也想和大家一樣，單純的開心一下。

二〇二〇年我就四十六歲了，來自全世界的人聚集到東京，會是什麼樣的感覺呢？有點難以想像。當然，我也會去現場看比賽。以節目主播的身分？不、不、不，那時候我都不知道自己還會不會待在演藝圈，而且這是難得的全民活動，我只想以個人的身分享受。

把路讓給後進的宮崎駿

換個話題，宮崎駿導演發表退休宣言了。

我去看了《風起》，在看之前，我就知道這是以太平洋戰爭和零式戰鬥機為主題的故事，因為我也喜歡飛機與船，所以相當期待。電影非常好看。我看了之後的感想是，不管戰前、戰後的日本人，一直活用靈巧與纖細的特質，製造出不輸給歐美的東西呢！即使最初從模仿開始，最後也能將技術提升到已經不能再說是模仿的領域。正因為日本有這樣的技術力，即使在太平洋戰爭中戰敗，也能再度迎來高度成長。

吉卜力之前的作品，給人的感覺都是適合小孩子看的，但《風起》卻不一樣。我原本預測：「原來如此，這次的作品是給大人看的，下一部作品應該又會毫不猶豫的切換回童話故事的方向吧！」所以當宮崎導演突然宣布退休，我有點意外。

我原本還期待他製作更多像《天空之城》以少年、少女為主角的冒險故事。在我心目中，如果滿分是十分的話，《天空之城》是十分，《神隱少女》是九分，《風起》則是七分。

我也很歡迎宮崎導演反悔，希望他說：「我還是想繼續做動畫！」

這次的退休宣言或許是考慮到吉卜力的世代交替。但是大老級的音樂總監久石讓先生的配樂，一直是吉卜力作品的重點，下一個世代的導演，真的能夠任用久石讓先生以外的人才嗎？我個人覺得這是世代交替的關鍵（笑）。

請讓我再多說一點關於退休的評論，我覺得，只有認真面對自己的人，才會考慮退休。這種人屬於會想為自己的人生「做個了斷」的類型，運動選手也好、搞笑藝人也好，會宣布退休的，都是這種類型的人吧。

譬如主持界的大前輩上岡龍太郎的退休作，現在已經被封為神作了。過去的偶像（山口百惠、粉紅淑女、糖果合唱團）退休，有其時代背景，但現在的女性偶像即使結婚，也不一定會走入家庭，生子、離婚之後再復出也是一條路線，什麼都有可能。

我自己又會在什麼樣的情況下退休呢？要我主動爽快的退休是不可能的。或許在某人告訴我「不適任」之前，我都會死皮賴臉的留下來，直到逐漸在演藝圈淡去。

我現在的想法

我的想法和連載當時相同，所以這邊就省略了。

對今年熱門戲劇的感想

能年玲奈太可愛了，我無法移開視線

二〇一三年十二月

我現在正把錄下來的ＮＨＫ晨間劇《小海女》一口氣看完。

我把這件事情發表在推特上，很多人的反應都是：「怎麼現在才在看？」這是全國性的熱門連續劇，我也想要裝成看過的樣子，不過，晚點看並不會影響作品的好，而且只挑大家看過都說有趣的作品，再一口氣看完也比較有效率，這麼做不是比較聰明嗎？我是抱著這樣的想法在追劇。

《半澤直樹》也是如此，我同樣等到電視播完之後，再一口氣看完。

拿下今年流行語大賞的會是「加倍奉還」，還是「接、接、接」呢？我希望「接、接、接」能夠獲勝。《小海女》的成功，宮藤官九郎的腳本當然功不可沒，但我覺得天真爛漫的能年玲奈更是超越腳本，成為這部作品最大的魅力。

我越來越想每天早上都看到她飾演的女主角的笑容。ＮＨＫ晨間劇一集是十五分鐘，但因為我是錄下來看的，所以只要我想，就能無止盡的與她見面（笑）。

我一開始看就停不下來。總之，我就是想見到能年玲奈。

大家都說故事的前半部比較好看，但我看這部劇是因為想見到能年玲奈，所以後半部的東京篇也看得很開心。

她到底哪裡好呢？我覺得在能年玲奈身上，可以看到和一九九六年拍攝DOCOMO的呼叫器廣告而風靡大街小巷的廣末涼子，有著同樣的透明感，以及純真的特質。

散發著透明感的能年玲奈

能年玲奈的純真太徹底，所以我已經不把她當女人，而是當成自己的女兒一樣看待。如果我有這樣的女兒就好了……或許是因為我剛結婚，看事情才會變成這種角度。但如果是其他與能年玲奈同世代的女演員，我就可以毫不猶豫的把她們當成女人（笑）。我還曾經想像，如果我抱著能年玲奈，之後會怎麼發展呢……結果完全浮現不出任何畫面，我完全無法想像。但如果是《小海女》中，與能年玲奈一起演出的橋本愛，我就完全能夠想像（笑）。

業界也很關注能年玲奈今後的發展，明年上映的電影《永遠不回頭》將由她主演，我絕對會為她加油。她有一種超凡的吸引力，而且才二十歲而已。

你們問我有見過她嗎？沒有。我不想見她，也不想知道她的各種事情（笑）。我聽說她上《笑一笑又何妨》節目的時候，還故意不去看，因為我怕破壞了她在我心目中的形象。

事實上，在《小海女》之前，我就覺得這個女孩子很可愛了。有個服飾品牌叫做「Ne-net」，她曾經擔任這個品牌的模特兒。這個品牌是很好看的童話風格，她穿起來非常可愛，我看到的時候心想：「這個女孩子是我看過最適合Ne-net的模特兒了。」之後，她也出現在可爾必思的廣告中，應該就是從那個時候開始受到業界矚目。

瘋癲的堺雅人

至於另一部熱門連續劇《半澤直樹》，最受矚目的當屬主演的堺雅人了。

他說出「加倍奉還」的時候，表情太過專注，儘管是嚴肅的場面，我還是忍不住笑出來。他的演技不同於香川照之的游刃有餘，甚至讓人覺得瘋癲。業界的人一直建議我一定要看這部連續劇。

前幾天，我為了錄節目去台灣，《半澤直樹》在那裡也很紅，因為粉絲們一直對我說「加倍奉還、加倍奉還」。我明明沒有做什麼壞事啊（笑）。但是他們沒有對我說「接、接、接」，或許是因為《小海女》中有太多不在日本就不會懂的哏，不容易在海外引起共鳴吧！

不過，我在心目中已經決定把今年的流行語大賞頒給能年玲奈的「接、接、接」了。雖然林修的廣告「就是現在吧！」、「安倍經濟學」和「加倍奉還」也很有希望，但還是贏不過能年玲奈的魅力。

我現在的想法

我到現在還是很喜歡《小海女》與能年玲奈。她給我不說謊、捉摸不定、活得直率的感覺。她大概是那種即使接到廣告，面對攝影機，也無法給覺得不好吃的食物一個「美味的微笑」的類型吧！她因為自然、正直，所以絕對不適合綜藝節目。

她在《永遠不回頭》當中飾演不良少女，就有一種不自然的感覺。在《海月姬》當中，則是飾演熱愛水母的宅女，但她其實不是那樣的人，演起來多少有點彆扭。她沒有同樣在《小海女》中演出，後來主演電影

《墊底辣妹》的有村架純那麼靈巧。脫離經紀公司的問題也令人擔心。

就演藝圈的規則來說，她必須好好回報照顧自己的經紀公司，但我也希望她能夠自己做決定。我只能默默關注她吧！即使不成為名演員也沒關係，希望她未來可以做自己喜歡的事情，繼續活躍。

這是我自從高中迷上淺香唯之後，第一次這麼迷一個藝人。我迷淺香唯的時候，曾經在下關連續看她午、晚兩場演唱會。中午那場觀眾實在太少了，她唱完兩首歌之後就哭著回後台，但晚上那場就擠滿觀眾。

我到現在都還在使用拿下二〇一三年流行語大賞的「接、接、接」，至於二〇一四年的「不行喔～不行不行」又是怎麼一回事？流行真是可怕啊！

料理與節目都是一種娛樂

雖然節目收起來很可惜，但我也期待新的風潮再起

二〇一四年一月

最近，飯店餐廳的菜單標示與實物內容不符的「食品偽裝」事件成為話題。的確，把不是和牛的牛肉標示為「和牛」是欺騙，但我也不希望變得太過小心翼翼，反而剝奪了從菜單上的文字想像料理的樂趣。

「主廚特選沙拉」或「媽媽味道的定食」之類的說明是很模糊，實際製作定食的說不定是中年大叔，而不是媽媽。但是，各位不覺得，能夠擁有這種程度的「美夢」也不錯嗎？料理是一種娛樂，不這樣的

話，料理就會變得越來越乏味，菜單上可能只會出現「萵苣與小黃瓜沙拉」……

迴轉壽司的菜單也一樣，受歡迎的鰭邊肉，其實多半不是比目魚，而是大比目魚。市面上像這樣流通著各種美味的「替代魚」，我想是眾所皆知的事情吧！如果今後規定菜單上必須寫「大比目魚」，那實在太掃興了。

大家不會太冷漠嗎？

一連串的「食品偽裝」事件曝光，我想大多都是內部舉發的吧。這股潮流似乎沒有停止的跡象，我看著各大飯店的道歉記者會心想：「日本已經逐漸變成道歉社會了啊。」越大的品牌，越重視商譽，當事件鬧得沸沸揚揚，民眾也覺得譴責出現成效。這種道歉的風氣逐漸蔓延，現在已經輪到餐廳、食材業界等中小型企業。

大家不覺得這樣太冷漠了嗎？我希望日本人可以更寬容一點。有錯的話，改過就好了，但大家卻想要連根破壞。

我想大家已經發現，只要集合大量的網路留言，就能成為攻擊的力量。中東的「阿拉伯之春」，就是集合了為暴政所苦的弱勢者的不滿之聲。但日本的情況卻只是想從筆戰與謾罵中獲得刺激，只要事情發生，網路上就會有人煽動情緒：「戰吧、戰吧！」「他道歉了，我們是有力量的！」然後逐漸演變成：「把那件事情也爆出來吧！打倒龐大的電視台、食品廠、外商飯店！」

最近也發生因為網路上「叫那個節目收起來！不能只有道歉，要直接腰斬！」的聲浪，導致節目真的收起來。舉例來說，遭腰斬的《矛盾大對決》原本也是很好的節目，但因為網路上的抗議風暴，最後還是收起來了，難得的好點子也就此埋沒。當問題發生，唯有修正問題，反省過後，再推出新的《矛盾大對決》，這樣才有意義。但現在的社會已經不願意等了。

以前即使發生筆戰，最後多半也能夠平息，但現在會戰到對方退場為止。這股潮流，或許不走一次死路不會停吧！

只靠傳統無法維持

換個話題，《森田一義時間　笑一笑又何妨！》將在二〇一四年三月收播。這個節目從我還是小學生的時候，就是如同正午報時般的國民節目。

我進入演藝圈之後，就一直想上這個節目，後來終於在二〇〇九年～二〇一二年間成為節目的固定班底。我很後悔當時只負責主持單元，沒有利用這個難得的機會多加發揮。我聽說節目要收起來時，除了覺得「各位辛苦了」之外，也有「下一個時代將揭開序幕」的強烈興奮感。

自從這個節目的主持人塔摩利先生不再負責部分單元，以及脫口秀的型態開始轉變時，我就覺得：「雖然是傳統，但現在已經不是光靠傳統就可以維持節目的時代了。」

從一九九六年持續至今的《花丸市場》也將和《森田一義時間 笑一笑又何妨！》在同一時期收播。關於節目的收播，我想用比較正面的角度看待，這也代表著新時代的開始。

我現在的想法

最近已經很少看到關於食品偽裝的報導了，但網路上的輿論壓力卻逐年增加，這讓我很憂慮。那些「正義魔人」，一副「我們代表正義」的樣子，在網路上越來越多。網友的投訴也越來越離譜，而且看似還會繼續下去。「網路上才有正義與真實」的風潮正在分裂社會，已經演變成誰出頭，誰就要遭殃。

電視台製作新節目時，也會叫工作人員去看看網路上的評價。但我認為，網路評價沒有真的。無論是網路上的書評、美食網站上的留言，還是購物網站上的商品評價，我都不看。比起那些看起來假假的留言，我寧可從商品、料理或店鋪的照片來判斷，因此我會觀察網路上各種角度拍攝的照片。

話說回來，這也是因為我發覺，現在的網路評價與廣告沒什麼兩樣。

「想要／不想要」、「好吃／不好吃」這兩種極端應該是人最真實的感想，但網路上的評價卻是星星「三顆半」這種不知道該怎麼理解的評分。

如果對我說：「總之，就用自己的眼睛與舌頭去試試看吧。」我只會覺得：「這不就和廣告一樣嗎？」

想找好吃的法國料理店，其實只要選一家法式餐館用餐，然後回家前這麼問主廚：「如果您假日想去這裡以外的法國料理店，您會去哪家呢？」我想應該可以得到相當內行的答案。

牙醫也是，只要問第一家看診的診所牙醫：「如果您想治療自己的牙齒，您會去附近哪家診所呢？」一定可以問到獲得專家好評的地方。服飾店也一樣，只要問自己中意的店家店員：「您都去哪裡買衣服？」對方買衣服的地方，肯定價格合理、品質優良。像這樣靠自己去問也很重要！

我的新年新希望

新的一年，我想在亞洲電視圈大顯身手

二〇一四年二月

二〇一四年開始了，這次，就跟大家聊聊我今年的抱負吧！

今年二月有索契冬奧、六月～七月有巴西足球世界盃，似乎會成為日本人在世界舞台上大放異彩的一年。就我個人來說，這是我婚後第一次過年，所以不像前幾年那樣與夥伴大吵大鬧，而是平靜的度過。

今年的娛樂圈，直截了當的說，將會是復活的一年。矢口真理、高岡奏輔、坂東英二、三野文太……不用說，他們各個都是電視圈的要角、拍攝現場不可少的人才，雖然還是會聽到「現在回歸還太早吧」之類的意見，但是這一整年，應該會陸續上演各種復活劇。至於他們的回歸能不能讓死水般的綜藝節目重新熱鬧起來，就要看電視台的智慧了。

開個令人心驚膽跳的節目

就我個人來說，我很想開個令人心驚膽跳的節目。

我覺得綜藝節目的低迷，源自於各方面的顧慮，最後形成「這個也不能說，那個也不能做」的氣氛。但是，協調好再收錄的綜藝節目是無法展現破壞力的。

藝人也必須無所畏懼，自己負起發言的責任。能不能懷著被迫退出的覺悟，即興演出，是藝人生存的關鍵。如果在節目上只聊安全的話題，或者只是把企畫寫的腳本拿來照念，這樣的藝人應該要被淘汰。

我覺得傳播圈，尤其是電視圈就是被逼到如此境地。錄影現場因為預算刪減而萎縮，就算有想法也無法落實。想從根本改變製作的結構，我認為二〇一四年是最後的機會。

就發言的自由度來說，東京都會電視台傍晚的帶狀節目《令人著迷的五點！》，算是得平衡很好。希望他們找我去當固定來賓，我想在錄影現場確保一個感受不到壓力的空間。維持這樣的空間，將來應該也能把我帶向更重要的工作。

總有一天，我想要成立自己的網路電視台。我家就有攝影棚，其實馬上就能進行網路直播。我想在這個電視台製作新聞節目，在節目裡討論特定祕密保護法、PM二．五的真相、汙水處理的問題……等等。我想找來能夠說真話的名嘴，譬如NHK《今日焦點》的國谷裕子我就很喜歡，希望能邀請她上節目。或許也可以邀請活力四射的男大姊藝人。

我還想花更多力氣在二〇一三年十月開播的台灣固定節目《絕對不單淳》。目前我每個月往返台灣兩次，錄兩集節目，但是我現在想要每個月在台灣停留一個禮拜左右，花更多時間參與節目的製作。

在台灣展開固定節目

台灣的工作人員與粉絲都很愛護我，台灣的傳播規範與著作權問題也比日本來得大而化之，我也能把以前比較極端的日本綜藝節目的概念帶過去。我還想要挑戰新穎、尖銳的事物，所以希望能在比日本更有活力的亞洲電視圈，再一次從零開始接受磨練。

吉本興業在台灣也有分公司，旗下有活躍於台灣演藝圈的師妹佐藤麻衣，看著《男女糾察隊》長大的製作人也在錄影現場，工作愉快到讓我想要住在台灣。想要獲得台灣工作人員的信賴，我也必須展現出自己很重視這個工作機會。所以二〇一四年，我會在亞洲電視圈大顯身手！

我現在的想法

我的想法和連載當時相同，所以這邊就省略了。

索契冬奧上的鄰家小妹們

二〇一四年三月

索契冬奧終於在二月七日展開。最受矚目的，應該就是十七歲的跳台滑雪選手高梨沙羅。她那「鄰家小妹」般的特質沒有人會討厭，能夠獲得大家的支持，相當吃香。

同樣屬於鄰家小妹型的，還有花式滑冰選手淺田真央。她們的成功該說是沒有敵人嗎？不過沒有扯後腿的人，應該也有幫助。鄰家小妹今年也將繼續活躍，我希望這些人氣選手，將來能夠成為優秀的指導者，而不是當藝人或解說員。

換個話題，雖然過了有點久，但我想談談自己過年期間的生活。登記結婚後的第一個除夕，我久違的在日本度過，還待在家裡看《紅白歌唱大賽》。我在工作上好幾次受到北島三郎先生的照顧，所以無論如何都想看他最後一次演出《紅白》。

一邊看《紅白》一邊吐槽也滿開心的，像是：「咦，這個人是誰啊？」「服裝雖然很誇張，但已經嚇不倒我了。」（笑）

去看引起討論的電影《永遠的0》

《紅白》結束之後，我和老婆原本想去神社參拜，但是覺得午夜十二點剛過一定人擠人，所以就先看場電影再過去。

我們選了引起討論的電影《永遠的0》。這部電影中，無論是戰艦的造型，還是戰鬥機空戰場景的電腦特效，都讓我直呼：「太厲害、太厲害了！」看得很開心，但是轉頭一看坐在身旁的老婆，她卻哭得淚流滿面，周圍也傳來啜泣的聲音……看來這似乎不是一部適合在元旦看的電影（笑）。

或許是因為還沒脫離電影的情緒，我們的參拜地點就選在靖國神社。半夜三、四點的神社擺滿攤販，也有座位空間，還有因為喝了酒而情緒高昂的大叔們，相當熱鬧。

很多藝人新年都選在夏威夷之類的海外國家度過，我也曾經是其中之一，只不過因為我不想遇到業界的人，所以通常會選夏威夷以外的地方。今年久違的在日本過年，感覺非常好，之後我也想在日本過新年。

和老婆一起參加斷食道場

過年期間，我還和老婆一起參加為期六天的斷食道場。會場在東北一帶，我以前參加過三天的課程，但有人跟我說：「小淳，你只參加三天太可惜了。因為效果要在三天後才會顯現出來。」所以我一直很在意。

斷食期間一天只能喝兩公升的酵素水，每天還要泡在木屑般的土裡兩次，稱為「酵素浴」。一開始會肚子餓、心跳加速，但只有第一天會產生空腹感。除此之外的行動完全自由，要散步、要做愛都可以，但完全不會產生這樣的欲望（笑）。

我原本打算玩遊戲，所以把桌遊「桃太郎電鐵」帶去，但也完全不想玩。我只是腦袋放空的打開電視，看美國影集還有旅遊節目，看完以後看新聞，接著又看旅遊節目，看新聞……（笑）如果是綜藝節目，我會忍不住想仔細看內容，反正腦袋也無法運轉，所以就故意不看。

六天的斷食結束之後，道場會提供恢復餐。所謂的恢復餐，只不過是用食物調理機打成汁的高麗菜與胡蘿蔔而已。但即使只有這樣，我還是深切感受到對食物的感恩，「啊，原來高麗菜這麼甜！」舌頭與全身都因為胃中有食物的幸福感而喜悅。回到東京之後，原本很愛吃的拉麵和零食，我都提不起興趣，也不想喝酒了。

同一時間，也有幾位職業足球選手來參加斷食。某位選手說，他如果在休假期間參加六天的斷食，精力就能延續到球季的最後，但如果只參加三天，中途就會提不起勁。

雖然我的新年過得看似健康，但可能是因為年底瘋狂錄製特別節目的疲勞爆發，我生了一場病。我現在已經完全恢復了，但現在正是新年期間累積的疲勞爆發的時期，大家也要注意喔！

我現在的想法

我現在依然覺得「鄰家小妹」人氣不減。高爾夫球界也有十五歲的勝南，以業餘選手的身分在職業比賽中奪冠的她，對我而言就是可愛的鄰家小妹，屬於大人們一定會想支持的類型。

聊到高爾夫球時，如果我說我喜歡藤田光里或李寶美，女性一定會皺眉，但如果說我喜歡的是鄰家小妹型的選手，好感度就會上升（笑）。

鄰家小妹在綜藝節目中也是難得的存在。不靠外表吃飯的人，內心美麗、討人喜歡。能年玲奈也是漂亮的鄰家小妹！

給想要成為搞笑藝人的年輕人的建議

倫敦靴子一號二號在此誠徵新成員！

二〇一四年四月

四月是許多新鮮人踏入社會的季節。這次，我想以搞笑藝人前輩的身分，提供想成為專業搞笑藝人的年輕人一點實用的建議。

首先，我覺得搞笑藝人必須具備兩項特質——「有趣」，以及「集客力」。

但是，任何人在一開始都不具備集客力吧？這時候，可以主動要求參加有集客力的團體的活動。該團體所屬經紀公司的人也一定會到活動現場了解狀況，就能藉此讓經紀公司的人認識自己。這麼一來，下次活動人手不足的時候，或許就會再請你幫忙。倫敦靴子一號二號剛出道時，也是這樣存活下來的。

還有，我們為了測試膽量，想盡辦法出風頭，也曾經在原宿的「步行者天國」表演段子。但如果只是呆呆的表演也沒用，想在街頭聚集觀眾，需要動點腦筋。

舉例來說，我們會為了吸引目光而穿上全白的緊身衣（笑）。接著招攬路過的人，如果有一、兩個人停下腳步，就跟他們約定：「再來五個人就開始表演。」讓他們願意等待。等到圍觀的人群逐漸形成，其他人看到也會因為好奇：「那邊在做什麼啊？」而靠過來。換句話說，人牆能夠成為集客力。

被罵也沒關係

「什麼啊，原來就這樣！」聽起來或許很無趣，但我覺得很多菜鳥似乎都不願意累積這種踏實的努力，只會抱怨：「表演段子也沒有人來看……」

做與不做，結果會有很大的差別。我們也是多虧了這樣的努力，培養出膽量，才能夠進入吉本綜合藝能學院。進入吉本興業之後的第一場演出，也是因為邀請從街頭時代就開始培養的粉絲來看表演，集客過程相對順利。

此外，盡可能讓身邊幫我們處理事情的人，譬如公司的經紀人多了解我們，也是屬於「集客」的一環。但是我發覺，現在很多年輕人都只等著優秀的上司提拔。不讓自己更醒目是不行的。

我們有時候也會因為「刺眼」而醒目，為此挨罵的次數更是多得數不清。但是，新人的首要之務就是讓人記住，希望各位可以不擇手段的勇敢挑戰。

考量到與搭檔小亮今後的關係，我希望趁自己現在四十幾歲的時候，招募倫敦靴子三號、四號、五號……與他們組成團隊，製作舞台節目或電視節目。在此借用這個專欄招募成員，希望年輕人勇敢前來挑戰（笑）！

我們想要選出平凡的人或特立獨行的人，不問年齡、性別，也沒有上下關係，只要彼此尊重，講話沒大沒小也無所謂。不過因為是團隊，我還是希望有協調性（笑）。

我也希望平凡、不起眼，不是搞笑藝人的女性加入。最好能夠逐漸出現六號、七號、八號……如果有一天，我能看著電視心想：「咦，那不是十號嗎？我也好想上這個節目喔……」應該會很有趣吧！

戲劇也開始自我約束？

換個話題，最近，戲劇《明天媽媽不在》內容引來批評，導致贊助商抽掉廣告，這件事也引起討論。

不過，我覺得這應該是製作單位的負面行銷，他們早就預料到會發生這種事，卻因為表現得太過直接，結果反而弄巧成拙……

網路上的反應倒是如同預期的激烈。如果在網路留言板上提出節目應該腰斬的意見，經過網友大量轉貼而炒作起來，網站的瀏覽人數變多，就能夠吸引廠商下廣告，所以網路上的負面行銷永遠不會消失。

戲劇《明天媽媽不在》雖然遭受許多批評，但我覺得這部作品在一月開始的連續劇中，內容算是相當優秀。

我很擔心未來連續劇的製作也無法自由表現，最後和綜藝節目一樣，都因為害怕批評而自我約束，走進相同的惡性循環。

我現在的想法

大家對於倫敦靴子一號二號招募新成員一事的反應似乎相當冷淡，或許是因為我看起來只是隨口説説。我們真的長期招募新成員，請有意願的人務必前來應徵。

感動的結婚典禮與春季新節目

有生以來第一次這麼緊張，在夏威夷舉行結婚典禮！

二〇一四年五月

二月二十二日，我在夏威夷歐胡島克歐莉娜的海邊教堂舉行婚禮，並在三月十八日的《男女糾察隊》特別節目中播出婚禮當時的模樣。在電視播出之前我只能保密，真是不好意思。

婚禮前一天，在教堂排練時，我的腳步突然無法向前，「像我這樣汙穢的存在，真的能走進那麼神聖的地方嗎？」（笑）神父解釋婚禮的步驟我也完全沒聽進去，甚至要到之後看影片時才恍然大悟：「啊，原來是這樣……」

現在就算主持現場直播的特別節目，我也能談笑自若，但這次卻讓我生平第一次產生「超級緊張」的感覺。雖然在教堂從頭到尾排練了兩次，但正式來的時候，還是把排練時的記憶忘得一乾二淨（笑）。

來參加婚禮的人，包含節目組員在內，大約六十個人左右。因為全部都是熟人，婚禮結束後，在檀香山辦的婚宴應該會很輕鬆……這是我原本打的如意算盤。但是當「罰球二人組」的脇田寧人在致詞時描述與我相識二十年來的回憶，我的眼淚也掉個不停。在節目上掉眼淚看起來都很假，我才不想在節目中哭，但要忍著不哭實在滿累人的。

我的搭檔小亮在這次的婚禮中似乎喝得很盡興，真是太好了，這成為一場有歡笑有淚水的婚禮。

我過去參加婚禮時，九成以上都是為了應酬，所以很討厭業界的婚禮與大型婚宴。但是我現在知道，所有的出席者都是真心祝福新人，也開始覺得辦婚禮是一件很棒的事。如果可以的話，還是辦場婚禮比較好喔！不辦婚宴也沒關係，但我很推薦辦婚禮。

淳君回我的簡訊

接下來換個話題，淳君罹癌的新聞甚至登上八卦報紙的頭版，我一知道消息，就立刻發簡訊給與病魔纏鬥的淳君，結果他回我：「真不好意思，讓你擔心了。」

前陣子我在電視廣告中聽到他沙啞的聲音有點在意。後來，他在歌唱節目中演唱代表作時，用的不是從前的音高，也讓我覺得有點怪。

我與淳君認識，是在「品川庄司」的庄司智春與「早安少女組」的藤本美貴開始討論結婚的時候。當時擔任早安少女組製作人的淳君對我說：「他們都沒有來跟我說一聲。」於是我急忙叫庄司與他連絡。

從那時後候開始，我一直覺得淳君對我來說就像年齡大很多的「好哥哥」，看了報導才知道，他其實只比我大五歲，四十五歲的他還相當年輕，讓我大吃一驚。

他這次應該是有把握治癒，才會發布這個消息吧？因為淳君很會照顧人，公布消息時，一定會讓周遭的人的擔憂降到最低。我覺得以一個藝人來說很了不起，希望他早日康復。

日本電視台併購 Hulu

接下來是關於春季新節目的話題。

我在四月開始主持富士電視台的問答節目《三十人團結大問答！》，新節目的記者會剛好和佐村河內守先生的記者會撞在一起（笑），所以知道的人可能還不多。

這個節目與 NHK 大河劇，以及日本電視台的《千奇百趣大挑戰！》等熱門節目的時段重疊，所以記者會上難得製作人、全體組員都到齊，讓人感受到富士電視台非得反擊不可的決心。

對手日本電視台，收購了美國大型串流影音公司 Hulu 在日本的業務。我老婆很常看 Hulu 的節目，我也喜歡看《欲望師奶》。但這件事還是讓我很震驚，因為就連收視率相對較高的日本電視台，都必須收購網路媒體，擴大新事業、新頻道，這代表電視台的品牌力降低。「因為是哪家電視台的節目，所以我想看」，民眾對於這樣的品牌意識變得薄弱，使電視台產生危機感。

不過，日本電視台早一步做出收購的決策，是否代表經營高層比其他電視台看得更長遠呢？我想，他們也是為了讓電視圈更有活力而搶先行動，因此決定正面看待這件事情。

我現在的想法

我的想法和連載當時相同，所以這邊就省略了。

關於旅行的意義，還有記者會

半調子的記者會，還不如不要開

二〇一四年六月

又到了新綠的季節。前陣子的黃金週是旅遊旺季，這次就來聊聊我一直很想嘗試的旅遊話題。

我一直很想搭乘從東京上野站出發，開往札幌的臥鋪特快車「仙后座號」。飯店式的車廂，應該很受歡迎吧。我好想再次搭上臥鋪列車去旅行喔……我會這麼說，是因為我生平第一次單獨旅行，搭的就是臥鋪列車「出雲號」，旅行的時節也差不多是現在這個時候。

一九八五年，茨城縣舉辦「國際科學技術博覽會」，也就是「筑波萬博」，當時還在念小學五年級的我很想去看，也很想去東京迪士尼樂園，所以就說服爸媽，讓我離開故鄉下關，前往東京。

十歲孩子的單獨旅行，當時的冒險心，還有超越興奮與緊張的體驗，我至今都不曾再有過。那是很強烈的回憶，甚至可以說，因為有那次經驗培養出來的膽量，才造就了現在的自己。

爸媽幫我訂了東京隅田川附近的旅館。老媽事先跟旅館的老闆娘通過電話，我也答應老媽會定期打電話回家。畢竟那可是沒有手機的時代呢！

抵達東京車站後，我連東西南北都搞不清楚，所有的問題都問站務員。我也學到，像這種時候，不要猶豫，積極的問人是最重要的事。

我印象最深刻的記憶應該是從東京車站搭京葉線，抵達夢想中的迪士尼樂園。當天下著傾盆大雨，我穿著雨衣，攤開導覽地圖，排隊要玩遊樂設施。很多人問我：「小弟弟，你一個人嗎？」遊樂設施多半是兩人座，大概是看到這麼小的我，要自己一個人搭乘，有點擔心吧。

因為是去東京，我還穿上最喜歡的鮮豔衣服與鞋子，也有人對我說：「你的鞋子好誇張喔！」但是我很開心，因為我從那時候就想出風頭（笑）。

後來我又去了筑波萬博，那裡展示了工業用機器人將方形冰塊雕刻成動物形狀的技術。記得是日立館的展示吧，機器人的動作很靈巧，我還看了好幾次。這是我對筑波萬博最深刻的印象。

聽說最近的年輕人因為景氣不好而不太旅行。但是，旅行的經驗越多，話題會越豐富，也會越受異性歡迎喔（笑）。最好趁年輕的時候就有單獨旅行的經驗，在聯誼的時候聊起單獨旅行的事情，既能展現自己具備生存能力，也會因為知道很多別人不知道的事情而受到尊敬。

在年輕人不太旅行的現在，旅行更能展現與眾不同的自己，也更能創造受歡迎的機會不是嗎？如果當過背包客環遊世界，應該到死都炙手可熱吧（笑）。

時間太短，才會被「熊手」攻擊

接下來，我想聊聊最近看記者會的感想。提出STAP細胞的小保方晴子女士，因為論文造假而召開記者會。眾人之黨的渡邊喜美先生也因為八億日圓的借款召開記者會。

我覺得渡邊先生是那種能把任何事情說明得清楚明白的政治家，但這次的記者會卻很可惜。八億日圓的用途，不可能只是買吉祥物「熊手」吧（笑）！

渡邊先生的記者會太短，所以才會天外飛來一隻「熊手」，成為八卦節目的犧牲品。他應該在niconico或ustream之類的串流媒體，透過網路直播五小時的記者會，接受觀眾的留言洗禮，回答所有問題，全心全意道歉。如果他能夠這麼做就好了。觀眾在打出留言之後，能夠釋放壓力，對他的好感度說不定反而會提升：「雖然這位大叔似乎做得太過火了，但他願意拚命說明，或許和從前的政客不一樣。」

另一方面，小保方女士的記者會則沒有透過電視，而是透過網路播出一刀未剪的兩個小時。真假另當別論，但大家都有「看了記者會」的感覺吧。

發生負面新聞時，召開半調子的記者會，還不如不要開。因為無論是記者或民眾，都會在心裡預設「反正都是騙人的吧」。如果在這種情況下還只是出現一下子，就是打從一開始就沒有進入狀況。希望有人能對召開記者會的人提出這樣的建議。

我現在的想法

我的想法和連載當時相同，所以這邊就省略了。

關於網路留言的感想

安倍經濟學真的能夠點亮年輕人的未來嗎？

二〇一四年七月

我每天都會使用推特、臉書、LINE官方帳號、Instagram、Mechika Boola等各種社群網站發表訊息。我光是推特帳號就有超過百萬人關注，粉絲們也會留下大量留言。我自己原則上會盡可能把粉絲們的留言全部看過。因為這是工作，所以老婆也允許我在她面前一直滑手機，但這樣的行為已經嚴重到讓我覺得自己該不會得了網路成癮症吧（笑）。不過，粉絲們給我的意見都很值得參考，所以我會努力讀完。

但我最近常常覺得這些留言越看越難過，因為人身攻擊的留言很多，多到甚至讓我驚訝：「大家累積了這麼多壓力嗎？」這些留言讓我覺得，他們似乎把對世界的不平、不滿、憎惡，全部發洩在我身上。

拜訪我網站的人以年輕人占多數，LINE官方帳號的好友多半只有十幾歲，我常聽他們說：「我沒有任何想做的事情。」「我沒有任何喜歡的人。」可能對他們來說，像我這種看起來在電視上大放厥詞的人，是發洩怒氣的絕佳箭靶吧。

甚至還有人留言寫道：「區區一個《男女糾察隊》的主持人，誰都可以做。」我也曾經忍不住反擊：「不然你來做做看啊！你如果能夠主持得比我好，我就把工作全讓給你。」

聽不到直接的聲音

我覺得現在留言給我的人，很多都陷入一股窒息感當中，想要發出求救訊號，但他們不知道要怎麼解決問題，也沒有動力。我每天都在想，既然他們有力氣對我發脾氣，能不能創造一個機制，讓他們把這份精力發揮在更現實的方向呢？

年輕的時候，誰都會因為看不見將來而迷惘。但我覺得現在的年輕世代深陷的迷霧，或許比從前更濃，不僅看不見遠方，就連眼前也看不清楚。看著他們的留言，讓我深切感受到，現在的日本，是一個無法讓年輕人看見未來的國家。就這層意義來看，我在留言給我的年輕人身上，感受不到任何安倍經濟學的效果。行政體系或教育體系，是否應該多看看我們之間的互動，蒐集時下年輕人最直接的聲音呢？

因為對我的言語攻擊完全沒有停止的跡象，我還曾經在推特上公布可以直接找到我的手機號碼，要他們打來直接說！結果幾乎沒有人跟我連絡。

面對面爭論還是需要勇氣的，我實際體驗到，要聽到「直接的聲音」是多麼困難。

懷疑新聞的真實性

換個話題，四月開始，我在東京都會電視台有一個現場直播的評論節目《淳與隆的週刊評析》。這個節目以政治、經濟新聞為話題，所以我最近開始讀報。在做這個節目之前，我幾乎不看報紙，只在「新聞整理網站」上看新聞。

節目中有個單元，在歐巴馬總統訪日時，比較各家報紙關於跨太平洋夥伴協定（TPP）談判結果的報導。結果每家報紙的標題內容與報導的含意都不一樣。這讓我再次發現，每家報社都有自己的立場，於是我立刻訂閱兩家全國性的報紙，也希望自己每天能有時間把這兩份報紙全都讀完。

我希望年輕世代不要光從網路取得資訊，最好也可以讀報。對我進行人身攻擊是無法改變任何事情的（笑）。為了讓世界變得更好，不妨就從培養懷疑新聞真實性的態度開始。

我活到四十歲才重新體認到，無論是網路新聞還是報紙，都不應該照單全收，必須相互比較，培養分析資訊的能力。

吧。

我現在的想法

因為歐巴馬總統訪日而受惠的，應該只有「數寄屋橋次郎」壽司店

因為媒體的報導一面倒的偏向美國，美日關係看起來牢不可分，而且維持兩國之間的關係也是重要課題。但是美國眼中的日本，比夏威夷還遙遠，美國居民也少，就只是一個遺世獨立又不可思議的小小島國。我也覺得，所謂的安倍經濟學，不過就是在推動自民黨追隨美國的路線而已。背負一百兆日圓的國債很危險，透過日圓貶值偽裝出來的股票上漲，也只有一%的權貴受惠，儲蓄與退休金都被股票市場吸走了。我想，現在是日本必須建立起自己的經濟學的時候了。

關於AKB48握手會傷人事件

與粉絲交流，或許很難再不設防

二〇一四年八月

我看到AKB48的川榮李奈與入山杏奈，在五月二十五日岩手縣舉辦的握手會上遭刺傷的新聞，受到很大的衝擊。

我也很珍惜與粉絲直接交流的機會，也會透過社群網站召集粉絲，舉辦活動。發生這樣的事件，我確實提不起勁像從前那樣，在不設防的情況下召集粉絲做些什麼事情了。

之前與粉絲見面時，我也會做好準備，我會請後輩一起來，並且告訴他們：「如果發現行動可疑的人，就先來跟我報告。」但現在光是這樣的準備或許也不夠了。

我希望AKB48能夠繼續加油，不要灰心。我的推特或LINE官方帳號的留言中，絕大多數的內容也都是在感慨這次的事件。

網路使用者也令人遺憾

但是，這方面的話題，最後一定會往「犯人到底是誰」的方向發展，而且會有越來越多的人吵著要在網路上肉搜犯人，這或許是高匿名性的網路世界的定數吧！

但是我覺得，與其一味的打擊惡者，討論為什麼會發生這種事情不是更有建設性嗎？網路上很快就會陷入肉搜犯人的「獵巫」氣氛。大家明明不是調查機構，卻將嫌疑犯的個資曝光，並且上傳到網路上，集體轉貼。

網路世界的情緒震盪也很極端，網友不久之前還在感概這次的事件，但是當AKB48的指原莉乃與高橋美奈美發表感謝的留言後，他們的言論又清一色變成：「這都是為了賣CD的宣傳吧？」這種讓人疑惑「之前還那麼擔心，怎麼這麼快就變臉」的事情經常發生。

「恰克與飛鳥」的飛鳥涼因涉毒嫌疑遭逮捕時，網友也高喊：「一起去修理那傢伙一頓！」還惡搞他的代表作〈YAH YAH YAH〉在網路上流傳。雖然犯罪就是犯罪，但這樣的表現方式不會太粗暴嗎？我覺得這彷彿是一場遊戲，網友爭相轉貼不知對錯的消息，享受著在資訊的最前線「攻擊」的亢奮感。有沒有辦法停止這樣的現象呢？

這種「煽動」與「攻擊」也朝著我來。有些壞心眼的人，我覺得多半是媒體相關人員，在我的網站上留下許多誘導性的留言：「小淳明明與AKB48的團員共事，發生這樣的事情卻沒有表達任何意見，不會太無情嗎？」他們或許想拿我的回應去寫新聞，所以我也不打算回答。要是回答了，還可能會被他們斷章取義，我也不想給經紀公司添麻煩。

你們希望我說什麼呢？

不只這次的事件，藝人只要有在使用社群網站，就會有人千方百計想得到你的意見。小從出版社或廠商寄來新書或DVD，希望我在網站上發表感想，大到詢問我對演藝圈醜聞的看法，什麼都有。我只在網路上發表我自己真實的感想，面對這種要求，我幾乎都無視。

結果，徵求意見的方式也年年推陳出新，最近有人偽裝成一般粉絲，以日常對話般的留言挖坑給我跳：「小淳，最近發生了這樣的事情，你有聽說嗎？」這種誘導方式沒有一般粉絲留言的隨性，有種刻意的感覺，很有可能是「這方面的專家」，在等著我回應，所以我會很小心。

以前，我曾經在網路上發文說「牙齒缺了一角」，結果才過一個小時，我去看牙醫時，醫生就跟我說：「我看到網路新聞刊登『小淳的牙齒缺了一角』的消息喔！」讓我嚇了一跳（笑）。網路上就是有人像這樣一直監視著藝人的一舉一動。

有些藝人因為受夠了這樣的事情，就不在網路上發布訊息。但是我卻相反，我想要徹底摸清楚網路的特性，把網路運用得爐火純青。網路傳播資訊的速度與爆發力相當驚人，我想把這樣的特性用在對的方向。

我現在的想法

最近握手會變得戒備森嚴。我自掏腰包為偶像團體「炮灰系女孩」舉辦活動，現在好不容易能夠填滿五百人的表演會場。觀眾的年齡層廣泛，大約分布在十六歲～二十九歲。

「炮灰系女孩」前幾天終於推出正式出道的CD，但我呼籲粉絲：「千萬不要一次買很多張。」也拜託粉絲：「如果無論如何都想買兩張以上，請分送給朋友，幫我們宣傳。」我希望大家能夠記住她們的歌曲。

我們的宣傳方式、服裝、歌曲等點子，都是在推特上募集到的。開始辦活動至今超過兩年，一直以來都只求不要虧損就好，好不容易努力到今天這個地步。

為什麼「大哭議員」會受到矚目？

網路使用者渴望無法預測的內容

二〇一四年九月

我在前幾天，搭乘了久違的東京地下鐵，讓我驚訝的是，幾乎每個乘客都在滑手機，我重新體認到：「原來手機已經普及到這種程度了啊！」

更讓我驚訝的是，很多人在車站月台等地方邊走路邊滑手機，這非常危險，所以我制止了好幾個人：「邊走路邊滑手機是很危險的！」結果大家都嚇了一跳：「啊，是小淳！」（笑）但這真的很危險啊，不要再滑了。

手機裡的內容，就是讓人如此著迷。我每天更新的社群網站中，最近炒得很熱的新聞話題，就是挪用公款的事情被抓包，在記者會上放聲大哭的「大哭議員」了。

就我所見，網路上的反應幾乎只有兩種，而且差不多各占一半，一種是真的很生氣：「這樣的議員不會對不起縣民嗎？」「為什麼會選出這種人來？」另一種則是把大哭記者會當成一場戲，看得很開心。

看戲的人，有些只是留言嘲諷，有些則把議員大哭的場面與連續劇《半澤直樹》剪在一起，上傳到影音網站上。還有具備絕對音感的人使用各種樂器，演奏出議員在記者會上嚎叫的聲音並錄成影片，這些惡搞都很受歡迎。

國會前的遊行不重要嗎？

搞笑藝人也會在電視上模仿，但現在是任何人都能製作惡搞影片上傳的時代。惡搞影片有時候比電視更有趣，所以製作電視節目變得也很不容易。

為什麼這位議員會如此受到矚目呢？或許是因為完全無法預測他會做什麼的特性，能夠提高「接下來可能還會發生什麼事情」的期待感與興奮感吧。

我覺得會有這種現象，或許是因為媒體的資訊看在觀眾眼中，既一致又保守。我曾經為了《淳與隆的週刊評析》的節目企畫，在內閣會議解除集體自衛權行使禁令的前一天，到國會前進行採訪。

國會前的反對遊行人山人海，我原本以為新聞會報很大，但其他電視台卻對這則新聞冷處理。反而是直播網站出動攝影機，把整件事炒得很熱，因此只要看網路直播就能知道遊行的規模有多大了。

如果電視台不用相同的熱度報導觀眾心目中的「大新聞」，那麼觀眾與電視漸行漸遠，或許也是沒辦法的事。

除此之外，還有其他例子也讓我感受到日本社會正在追求更即時的資訊，以及「接下來可能還會發生什麼事情」的期待感。這是發生在世界盃期間，日本對上哥倫比亞當天的事情。

日本代表隊在世界盃的表現雖然令人遺憾，但我還是打算前往澀谷的十字路口觀察球迷熱情的模樣。我拍下十字路口在比賽前的照片，並上傳到網路上，接著準備回家，結果突然有許多年輕人走近我，到處都聽得到此起彼落「啊，是小淳！」「是小淳！」的聲音。

原本周遭並沒有那麼多人的，所以我猜想，大家可能都不知道在躲哪裡關注有關澀谷十字路口的留言或文章，等待高潮來臨的瞬間吧。結果他們看到「小淳來了！」的訊息之後，全部一口氣跑出來。這也讓我覺得網友們總是在追求事件與期待感。

什麼樣娛樂可以回應這樣的需求呢？我原本以為，提供收費的「即時新聞」，應該可以賺到錢，但似乎沒那麼簡單。推特有一百四十個字的限制，所以我試著開始其他的收費服務。這個服務雖然要收費，但是沒有字數的限制，而且我會回答任何問題。

然而，一旦開始收費，就沒有人願意來發問了（笑）。

把「期待感」變成事業

仔細一想，我也活在電視與收音機等免費媒體的世界，如果現在突然要我開始付錢，我應該也會出現這樣的反應：「你們本來提供免費的資訊，為什麼突然開始收錢？」另一方面，如果是電影、影集、音樂、書籍等原本就要付費的內容，則能夠在國內外建立起數個收費的線上影音服務，進一步擴大商機。

我覺得，除了既有的影音網站，提供包裝好的完整內容之外，應該增加更即時、能夠傳達「期待感」的收費服務。我也每天都在思考，自己能夠在這當中扮演什麼樣的角色。

要在網路上收錢，實在很困難啊！

我現在的想法

「大哭記者會」之所以爆紅，是因為具備了不知道接下來會發生什麼事情的期待感。這是一個不照腳本演出、沒有事先安排、現場直播，讓大家緊張興奮的節目。而這正是現在的電視節目必須做的事情。

前一陣子，我試著製作一個超隨性的節目，找來六位姓氏裡有「村」這個字的搞笑藝人——志村健先生、「夏天二人組」的三村勝和、「小內小南」的內村光良、「NINETY-NINE」的岡村隆史、「香蕉人」的日村勇紀和小亮（田村亮），開著車到處亂晃。誰也不知道會發生什麼事，非常有趣。現在這種隨興的節目，或許比緊張刺激的節目擁有更寬廣的可能性。

搭檔小亮在街上亂逛的節目評價也很好。衛星電視台以低預算反擊的挑戰，或許逐漸展現出成果。

關於生命的一些想法

網路社會也有過度連結的問題

二〇一四年十月

大阪府議員透過LINE傳送訊息威脅中學生的事件引起討論。現在的我們，可以透過網路與任何人產生連結，無論對方是大人還是小孩，這就是網路的有趣之處。儘管這種連結方式已經出現失控的一面，但媒體看起來就像是在「大哭議員」之後，又發現了新的攻擊目標似的，純粹以消遣這位議員為樂。

如果通訊軟體的使用需要改善，那麼只要變更規則與設定就好，像這種單純只是攻擊特定對象就結束的表演式新聞炒作，已經夠了吧？難道這麼想的人只有我嗎？

網路使用者之間發生糾紛的主要原因，或許就是與任何人都能產生連結所帶來的「過度連結」吧。

我每天都會更新部落格與社群網站的文章，底下總有許多人身攻擊的留言，其中甚至還有「去死吧」、「我想殺了你」之類的，揚言奪人性命，令人不安的內容。我每次看了都很心痛。

我原則上不去理會這些對生命的威脅，因為如果我可以直接見到對方，聽他說話，或許可以找到解決問題的突破口，但我們不是這樣的關係，所以我不能隨便說一句不負責任的話傷害對方。

但網路也是讓我閱讀這些殘酷留言的工具。我曾經透過留言點入使用者的個人資料頁面，找到對方的部落格，讀了之後，發現上面寫的都是悲傷的文章，讓我更加沮喪。這是能夠與任何人連結的網路，所具備的悲哀的一面啊！

被推特上的新聞嚇到了

關於生命的話題，最近與小保方晴子共同撰寫STAP細胞論文的研究者自殺了。我看到這則新聞也覺得很難過。

推特現在會顯示「熱門關鍵字排行榜」，可以知道現在討論得最熱烈的關鍵字。我看到STAP細胞排在熱門關鍵字排行榜前幾名，心想：「難道是驗證實驗成功了嗎？」於是興奮的點進去看報導，結果並非這麼一回事。

我很關心STAP細胞的驗證實驗能否成功，從一開始論文登上《自然》期刊的新聞，到研究者的網路記者會，我一直有在關注。出現這樣的新聞讓我大受打擊：「沒希望了啊……」

根據報導，遺書上似乎寫著：「STAP細胞絕對存在，希望研究可以繼續下去。」但如果STAP細胞真的存在，他會這樣走下人生舞台嗎？他應該無論如何都想靠自己的雙手完成這項研究吧。不過，像這種有機會拿下諾貝爾獎的高IQ學者，大腦一定以驚人的演算速度在運轉，我們這種凡人想破頭也想不出他結束生命的直接動機，以及為什麼會選擇在職場走上絕路。

媒體與其去揣測這些，是否更應該深入探討，要如何彌補這件事對日本再生醫學造成的莫大損失？據說文部科學省與理化學研究所還是既得利益者，今後是否也應該整頓一下這些機構呢？

還有，佐世保女高中生殺害事件，也是令人沉痛的新聞。我讀了部落格與社群網站底下的留言，同情被害者的聲音當然占了壓倒性的多數，但第二多的內容卻是批評加害女子的家庭環境。媒體也報導了她與父母的關係、家庭過去捲入的問題等等，電視上的名嘴也提出菁英家庭、模範生，以及父親再婚造成的失落感等各種「主張」。但這終究也和前面提到的自殺一樣，因為死亡而再也找不出原因。

必須採取對策才行

我想像不出什麼樣的苦惱會把有才華的研究者逼上絕路、什麼樣的原因會讓被當成是模範生的孩子有計畫的奪去同學的生命。

我覺得，自殺或殺人都是想太多造成的，但現在的日本雖然號稱先進國家，卻無法給這些因為想太多，導致情緒反應不過來的人一個表現的空間，或是一個包容、安撫他們衝動的機制。我們必須建立起這樣的機制才行，這兩起具有象徵意義的悲傷事件，給了我一個思考的機會。

我現在的想法

我的想法和連載當時相同，所以這邊就省略了。

日本變得越來越難生活了嗎？

澆了一桶冰水，才讓我體悟到「知易行難」

二〇一四年十一月

「冰桶挑戰」最近引起熱烈的討論，這是一項為了讓人們認識漸凍人，以及贊助相關研究的活動。被點到名的人可以選擇用冰水淋頭，或是捐款支持。有人就將被冰水淋頭的樣子上傳至社群網站或影音網站。我也因為堀江貴文先生的點名參與了這項活動，並澆了一桶冰水。但之後看了網友對活動的反應感到很遺憾，這個活動似乎不符合日本的國情……

很多網友看到我澆冰水的網路新聞，跑來我的推特留言：「這只是在搏版面吧。」我明明也參加了電視的慈善節目啊！漸凍人是認知度尚未普及的罕見疾病，所以很難募到資金，研究也無法進行，既然如此，那就透過網路的力量，讓全世界的人至少記住漸凍人這個病名。我知道這項活動的主旨，也打從心底認同利用網路傳播資訊的做法，覺得這真是一個好方法。但儘管我參與了這項活動，媒體對於活動的主旨卻不太報導，只一味的強調名人作秀的面向。

借用飯店泳池的水

我也看到有人留言：「太浪費水跟冰塊了，如果要做這種事情，不如一開始就捐款。」但是，會有這樣的活動，就是因為沒辦法自然的募到款啊。真可謂「知易行難」。

堀江貴文先生連絡我的時候，大約是清晨五點左右（笑）。手機傳來簡訊，裡面只寫著一句話：「冰桶挑戰，麻煩你了。」

這天我好不容易休了遲來的暑假，與老婆一起去沖繩，但我覺得這是一項有意義的活動，便急忙跟飯店借來大掃除用的水桶（笑）。我心想，如果用自來水，可能會太浪費水，就跑去游泳池請救生員分我一點泳池的水：「因為……請給我一桶水。」救生員無法擅自決定，找來他的主管，主管爽快的答應了。

我買了三袋冰塊，倒進水桶裡，請老婆幫我錄影，並上傳到網路上。我平常上傳到臉書的照片或影片，通常可以得到大約四千個讚，但冰桶挑戰的按讚數卻達到一萬六千個，是平常的四倍。

日本是個好事不出門，壞事傳千里的悲哀國家。這次的事情讓我親身體認到，在日本生活很不容易。我認真開始考慮，乾脆移民到歐洲國家算了，去那裡增廣見聞似乎也不錯。而且我們的團名本來就是「倫敦靴子」啊（笑）。

移民歐洲的計畫

擔任我的司機三年半的年輕人最近辭職，現在正騎著自行車環遊世界。他正在做我最想做的事情，相比之下，我現在又在做什麼呢……

我在沖繩休假的時候，在邊野古的海邊看到漁船團體高舉紅色旗子，抗議填海造陸。抗議集結了很多人，但媒體的報導卻很少。每當我關心這類的時事話題，媒體一定會尖銳的問：「你打算參選嗎？」（笑）一起上節目的上杉隆先生也會慫恿我參政，我聽了立刻拒絕。看來我們似乎也變成了搞笑團體一個「裝傻」與一個「吐槽」那樣的關係。

你問我明年有沒有要選眾議員？我沒有參與國政的打算，硬要說的話，我對故鄉山口縣的地方自治還比較有興趣。但是與政治圈相比，我真的比較喜歡演藝圈，為什麼對社會議題有興趣，就會演變成要參選啊？

說到山口縣，在美國網球公開賽中拿下男子單打亞軍的錦織圭選手，在比賽中所穿的上衣，胸口有個醒目的UNIQLO標誌。我在UNIQLO還是山口縣的「Men's Shop OS」時，就是該店的常客了。看到來自故鄉的企業商標出現在世界矚目的比賽中，讓我很感動。我雖然沒見過柳井正董事長，但UNIQLO與山口縣驕傲的日本酒「獺祭」成為享譽全球的品牌，同樣來自山口縣的我也非常驕傲。

我現在的想法

我今年也會進行冰桶挑戰，這項活動在去年被當成名人之間互開玩笑的遊戲，我覺得很遺憾。漸凍人真的得到認知、理解與支持嗎？答案絕對是否定的。既然如此，今年也應該繼續冰桶挑戰才對。就算全世界沒有人再進行這項活動了，我也會去做。蒐集寶特瓶蓋捐贈小兒麻痺疫苗的活動，也很可惜的出現用途不透明的問題，但目的、信念與活動的持續性才是最重要的。我不知道能堅持幾年，但我想要每年都進行一次冰桶挑戰，直到心臟受不了的年齡為止。

我之前的司機雖然挑戰騎自行車環遊世界，但他騎過中國、印度，抵達西亞的小國時，因為中東伊斯蘭教地區情勢變得危急，只好緊急改去澳洲。但他在澳洲時，在沙漠中逆風騎車傷了膝蓋，只好放棄環遊世界，回到日本。這件事情讓我深刻感受到，環遊世界真的很不容易。

從網路留言看年輕人的保守化

不要因為想得到「讚」，扭曲自己的意見

二〇一四年十二月

有位男大生因為想加入激進派伊斯蘭教組織「伊斯蘭國」，遭到警視廳偵訊，這個新聞在網路上也引起討論。就我所見，網友對於這位學生的行動，很少人留言相挺，不過，擔心的留言倒是很常看到：「既然犯法就該接受應有的懲罰，但是這麼輕易就約束年輕人自由行動的意志真的好嗎？希望能多聽聽他的想法。」這樣的留言，或許是展現出年輕人不希望大人把這件事情當理由，對自己的行動管東管西的心情吧。

我自己的感想是，這件事情背後，或許是籠罩著現在年輕世代的窒息感，讓他們想要追求令人興奮的事物。中東現在發生的事情，看在他們眼中，或許「生氣勃勃」吧？但帶給他們興奮感的，原本應該是娛樂圈才對……

生長在鄉下的我，剛上東京，夢想著出道時，演藝圈還有許多令人興奮的事情。但是，現在的演藝圈已經無法給我興奮感了，製作節目受到各種限制，難以自由發揮。連我都感受不到魅力了，更何況是年輕人。

不過，在這種情況下，還是有令人欣慰的事情。越來越多年輕人透過網路進軍電視圈，成為當紅人物。譬如靠著仿妝引起討論的小澤香織就是這樣的人。HIKAKIN 也因為 YouTube 個人頻道上的節目，獲得演出電視廣告的機會。

另一方面，似乎也有長相帥氣的男生，靠著在 Showroom 這個影音網站上收費，月入兩百萬日圓。他提供的內容是在自己房間架設固定攝影機，二十四小時直播房間內的情景，這是國外以前就有的點子。對於有才能的人來說，與其上電視、領經紀公司的薪水，自己開直播或許更自由、效率也更好。

從網路直播中誕生的熱門人物，現在已經成為新時代的藝人。過去，即使在網路上大紅，也必須借助電視台的龐大勢力才能有更多收入。但我覺得，總有一天，網路名人光靠網路就能發展的時代終將來臨。

九〇年代末的資訊革命在全球炒得火熱，我當時還半信半疑，甚至帶著有點不屑的態度。但現在，資訊革命已經重重打了全世界一拳，堪與產業革命匹敵的重大轉換期即將到來。但這時我也擔心一件事情，那就是正式進入網路時代後，年輕人還能夠獲得前面提到的「興奮感」嗎？

我們需要護航網站

某個偶像團體的成員談戀愛引起討論。我覺得偶像也是人，發生這種事情無可厚非，所以抱持著理解的態度。但網路上的留言完全相反，網友都很氣憤：「這樣對得起粉絲嗎！」「這是擾亂團體秩序的行為！」這樣的事情明明應該有正反兩種意見，但是在網路世界中，違反「規則」的人就會遭受無情的批評，這也造成了現在的年輕人急速保守化。

為什麼會演變成這樣呢？現在的網路世界，如果不加入群體、留言沒有人「按讚」，就會被排除在外。所以價值的評斷標準，就只剩下自己的意見能夠得到多少「讚」、是否合群。網路原本是一個能夠自由表現的空間，但現在的年輕人卻因為在意多數派的意見，一整天搜尋自己的名字，看有沒有人留言說自己的壞話，害怕被孤立。

今後，為了讓網路把世界變得更好、更方便，有必要改變這樣的現況。少數人的意見並不是壞的，也不要把某一個人的意見當成所有人的意見。我希望大家可以在網路上發表自己覺得正確的訊息，不要貪求能夠得到多少「讚」。

我已經習慣網路上的抨擊，但我想要架設一個「護航網站」，讓在網路上受到傷害的人有地方去。「雖然只是表面上，但大家會從多元觀點思考另一個角度的解釋，為你護航。」我擔心現在已經沒有人可以擔任這樣的角色，所以希望能夠提供這樣的支援。

對年輕人來說，只要沒有比上網更有趣的事情，對網路的需求就不會消失。如果不打造一個在孤立時提供護航的安全網，上網就會離「興奮感」越來越遠。

我現在的想法

「護航網站」的企畫現在正在進行，打算變成「護航TV」的形式，透過niconico或TwitCasting直播，每週播出一小時左右。

我現在正在將租來的公寓改裝成攝影棚。改裝工程由經營隔音設備的雨晴公司幫忙。改裝完成之後，醜聞的護航派就可以在這裡製作無論多麼困難都一定會護航到底的節目了。

對於網友「高高在上的態度」

在網路上大放厥詞的人，能夠好好闡述自己的論點嗎？

二〇一五年一月

我最近開始在意網友「高高在上的態度」。

中日領袖在亞太經濟合作（APEC）會議上，實現了睽違兩年半的會談。國家領袖這麼長一段時間沒有交流，其實是反常的現象。安倍首相與習主席板著臉握手的照片發布出來，推特上出現了許多「小老頭」似的意見，譬如：「他們擺姿勢時必須顧慮到國民的心情，外交真辛苦啊。」「都已經是大人了，應該可以更冷靜一點吧。」

網路是一個與網友想法不同，就無法感受樂趣的空間，大家或許會為了合群而提出安全的意見，但我覺得這樣的討論有點欠缺思考，應該可以提出更有建設性的提案。

另一方面，關於小笠原群島周邊盜採珊瑚的事件，網友的評論卻往極端的方向升溫：「只有警告不夠！」「發動攻擊不就好了！」這樣的意見占了多數。有意見雖然是好事，但是在沒有明確法規的情況下，查緝者也做了所有可能的努力。網友只是感情用事的發洩自己的情緒，只因為「說出來了」就滿足，也無法發展成具體的討論。

這些留言展現出網路不成熟的部分，但電視上的八卦節目卻還引用這些起鬨似的膚淺文章，製作「網路十大關鍵話題」之類的單元。

討論應該更具體

我每天上網時都在想，會在讀者為不特定多數的留言板上貼文的人，其實不到使用者的五%吧？舉例來說，我老婆會上網看新聞，但不會在留言板發表意見。我很希望年輕人會在網路以外的地方，好好進行認真的討論。

前幾天，我和一位二十多歲的藝人聊天時，他對我說：「淳哥，最近股票好像漲了呢，日本的景氣開始好轉了吧！」我嚇了一跳，反問他：「那你家人的薪水有漲嗎？」他說：「這倒也沒有。」於是我回答他：「這樣的話，景氣還是不好嘛！」（笑）像這種缺乏危機感的年經人還真不少。他們這麼悠哉，讓我很煩躁，忍不住發表極端的言論：「大家這麼散漫，國家的經濟還是破產一次比較好。這樣你們這些傢伙才會用腦思考！」

二〇一五年是二戰結束七十週年。站在聯合國的角度來看，是「戰勝七十週年」。我想，今年應該會舉行各式各樣的紀念儀式，國內外也會再度討論戰後的日本該如何自處。有些人或許會想：「到底要道歉到幾週年才能得到原諒？」但我希望正面看待這些討論。在網路世界中，民族主義式的發言看起來比較愛國、比較酷，所以網友往往具有「網路右翼」傾向。但是在網路上大放厥詞的人，如果出現在公開場合，能夠好好闡述自己的論點嗎？我想他們將在二〇一五年受到很大的考驗。

保育員人數不足

換個話題，前陣子，我因為個人經營的網站「小淳的假日」的企畫，拜訪了公私立的幼稚園與托兒所。最近常聽到「待機兒童」的問題，很多孩子申請不到托兒所，我想了解狀況。

拜訪之後，我才發現，保育員的人數非常少，因為這是薪水極低的長時間體力勞動。還有保育員表示：「家長明明把孩子丟著不管，卻對保育員缺乏尊敬，只會抱怨……」

國家預算太低，是保育員的勞動環境無法改善的原因之一。在這樣的環境下，托兒所維持不下去也是理所當然。政府整天高喊少子化對策與女性雇用，為了達成目標，我希望他們能夠先擬定增加保育員人數的政策。

再換個話題，現在網路上熱議的人物，應該就是來自蒙古的相撲選手逸之城吧！大家都說好久沒有出現英雄了。他是昭和時代以來晉升速度最快的新關脇，引起大家熱烈討論：「好久沒看到這麼厲害的！」「不是開玩笑，真的很強！」這樣的聲音在網路上此起彼落。也有人表示：

「難道厲害的都是蒙古人嗎？」就連橫綱白鵬都說：「出現了一個厲害的傢伙！」他應該真的很厲害，會在相撲界掀起一場風暴吧，日本力士該怎麼辦呢……希望他們可以加油。

我現在的想法

現在已經有人試著在全國建立讓保育員更方便工作的系統，企圖增加更多的就業機會。進行這項嘗試的，還只是民間的小型集團。駒崎弘樹先生推動的病童保育事業「佛羅倫斯」（www.florence.or.jp）也值得關注。如果政府能夠接手這樣的工作，應該能大幅改變保育員人數不足的情形。

關於新年的目標

不看電視的十幾歲年輕人，應該不知道我是誰吧……

二〇一五年二月

親戚有五歲與六歲的孩子，我送他們「妖怪手錶」的玩具代替壓歲錢，只要將角色徽章插進手錶裡，就會播放出該角色的聲音或歌曲。

「妖怪手錶」是網路搜尋次數急速增加的熱門關鍵字，一直都位居排行榜的前幾名，我從以前就開始注意。不過，我沒看過這部動畫，所以老實說，對於它是不是真的那麼紅，一直都是半信半疑。不過當我把玩具送給孩子時，看到他們那麼興奮，我覺得自己辛辛苦苦排隊購買也有價值了（笑）。

我買了之後才知道，這可是長期缺貨的稀有商品，能夠買到純屬偶然。我是因為別的事情去量販店，看到有人在排隊，心想：「這是在排什麼啊？」走過去一看，「啊，這不就是很紅的妖怪手錶嗎？」商品才剛進貨，於是我也跟著排。

話題再回到電視圈。各家電視台的新年特別節目可以說是百花齊放，我從年底就一直在趕錄影進度。每家電視台都想要趁著錄製特別節目的機會，確定什麼樣的企畫能夠成為二〇一五年的常態性節目。因為大家都太過拚命，錄影現場氣氛凝重，完全沒有年底歡慶年節的感覺。二〇一四年十月嘗試改變方式的新節目都沒有成功，氣氛凝重或許也是沒辦法的事……

無論哪個節目都需要時間推廣，但是在貫徹結果論的情況下，電視台也沒有耐心等待。只要嘗試一下，發現行不通，就會立刻變更企畫，導致認知度越來越低，陷入惡性循環。

因為民間電視台很無聊，很多人都改看ＮＨＫ。ＮＨＫ的連續劇有豪華的布景，儘管缺乏創新性，但也都是安全牌。最後，由ＮＨＫ獨占鰲頭的狀況，也將持續到二〇一五年吧。

高齡者專用的智慧型手機

接下來是網路的話題。

我六十多歲的爸媽也開始使用智慧型手機了，他們會用LINE跟我交換訊息，也會貼圖喔（笑）。原本以為智慧型手機是年輕人的工具，沒想到銀髮族也準備進入智慧型手機的時代了。LINE的遊戲也很受歡迎。既然迪士尼消消樂這麼流行，何不試著製作適合中高年人玩的《相棒》消消樂、《派遣女醫》消消樂，或是《水戶黃門》消消樂呢？請廠商準備吧（笑）。

至於我自己，也終於在日本第一個USTREAM即時串流網站頻道「DOMMUNE」中出現。

換個話題，我最近和一些不看電視的十幾歲年輕人聊天，他們完全不認識我……這對我來說是非常新鮮的體驗。

我問他們：「年輕人為什麼會支持網路媒體？」他們給我的理由是：「網路媒體不造假、不過度表演，而且無法預測。」現在的十幾歲年輕人，似乎覺得這個社會一直遭受大眾媒體「欺騙」，只要看了網路上的討論，就會開始懷疑媒體上的各種新聞一定有內幕。

如果我是現在的高中生，一定不看電視，也不看雜誌，而且對將來擔心得不得了吧！如果資訊全部都是「假的」，不就沒有大人，也沒有媒體能告訴我該往哪個方向走了嗎？這實在很恐怖。

反過來說，年輕人或許也越來越好操控。當年輕人覺得只有網路可以相信的時候，主導權就集中在寫網路新聞的人手上。這也很危險。包含我在內的大人必須好好反省，找回年輕人的信任才行。

所以，我二〇一五年的目標就是脫離現有規則。我不會大幅出格，但是會遊走在規則的邊緣。舉例來說，我培養的偶像團體「炮灰系女孩」在偶像專門頻道「Kawaiian TV」中登場了，但我還想展開新的「登錄制偶像事業」，無論是因為醜聞而被經紀公司趕出來的人，或是在大型事務所坐冷板凳、接不到工作的人，還是未來想成為偶像的人，誰都可以登錄（我會找時間將登錄方法公布在網路上）。

如果有地方上的小型活動，就可以藉由網站這邊連絡登錄者。即使只是小型活動，我也想把機會介紹給還不紅的偶像，因為我希望年輕人可以好好加油。

我現在的想法

我的想法和連載當時相同，所以這邊就省略了。

我的度假體驗

海外旅行遇到的麻煩，就靠著手機與網路來解決

二〇一五年三月

除夕剛過，我就跟老婆去馬爾地夫度過了一個禮拜的兩人世界，想和大家分享我在這次的旅行中，發現手機與網路有多麼好用。

我之所以會選擇馬爾地夫，最主要的理由就是那裡日本人很少（所以夏威夷不在我的考慮範圍）。再者，海外旅行常會看到不懂規矩的中國富人，所以我也找了他們似乎不會去的私房景點。在馬爾地夫的時候，我們住的小木屋走下去就是海邊，老婆在那裡浮潛，但魚的話我只要看

一次就滿足了（笑），所以就玩水上摩托車之類的水上活動，度過悠閒的時光。

我們在一月一日從東京出發，元旦的成田機場擠滿了人。在新加坡等待轉機時，周圍全都是中國旅行團。雖然之前已經聽說過，但是親眼看到這麼多中國人出國旅行，還是讓我再次感受到中國的經濟有多麼富裕。可惜的是，他們和高度經濟成長期的日本人一樣，對於出國旅行還不習慣。

最近在國外也越來越常聽到飯店服務人員或店裡的人用中文問候，跟我說：「你好！」以前只要是亞洲觀光客就會被當成日本人，時代已經改變了呢！但是只要我回答他們：「不不，我是日本人。」他們就不知為何一副放下心來的樣子，用日文說：「真抱歉！」並露出笑容，大概是覺得日本人已經習慣旅行了吧。或許他們對於該如何教導中國觀光客規矩也很傷腦筋。

感謝APP帶給我舒適的旅行

話題再回到馬爾地夫。我們停留的地方是距離首都馬列搭船四十分鐘的度假村，造訪這裡的都是西歐人，譬如從法國或義大利來度假的觀光客。亞洲人就只有我們，完全符合我的期望，但我也體會到另一個嚴峻的現實。我們已經在飯店餐廳坐下來了，服務生卻連杯水都沒有端給我們，其他西歐人的餐點倒是一道接著一道上。我心想他們或許很忙，但把我們晾在那裡一個小時也太不合理。

大家會怎麼做呢？對服務生破口大罵嗎？我想推薦給大家的工具是手機的「Google翻譯」APP，我實際用過之後，覺得非常方便。只要先將語言設定好，再對著麥克風說話，就能自動進行語音翻譯。

我用日語對著麥克風說：「你歧視我們嗎？」再把翻譯出來的英

語拿給服務生聽，結果服務生大驚失色，一臉惶恐的說：「NO！NO！NO！」我再透過手機問他：「那為什麼不來幫我們點菜呢？我們要換飯店。」結果對方立刻改變態度。後來我們在飯店也得到各種特殊禮遇。

多虧有手機，解決了我們煩躁的心情。手機讓我可以聰明的抱怨，不用大聲發脾氣，不會拉低自己的水準，這趟旅行也變得非常舒適。這個時代，海外旅行已經不能沒有手機了呢！

除此之外，我在馬爾地夫還做了什麼呢？就只有讀萬城目學的忍者小說《到此為止吧！風太郎》而已。我出國旅行時，都會帶著美國影集的DVD或時代小說，雖然在海外也能上網，但我在旅行時會刻意不看日本的電視節目或網路新聞，覺得看了會破壞難得的度假氣氛。但是仔細想想，**會讓我們不想帶出國的東西，或許對自己的生活來說，本來就沒有那麼重要。**

我回國之後，幾乎一個禮拜沒看電視，也不覺得有什麼不方便。至於網路新聞，我回程在新加坡轉機時滑了一下手機，才知道法國出版社遭恐怖分子襲擊的事件。現在世界哪裡發生恐怖攻擊都不奇怪了，享受海外旅行的時代也結束了嗎？我突然很想回日本。

機場的貴賓室有許多國籍與人種的人們，一旦開始懷疑誰是敵人，誰是朋友，就會沒完沒了。明年過年就在國內旅行好了。什麼？你說現在日本的觀光區也越來越多外國人了？這樣的話，就算在國內也無法放鬆呢（笑）。

我現在的想法

我的想法和連載當時相同，所以這邊就省略了。

二〇一五年四月

手機時代的戰爭報導

手指點一點，就能把戰場的影像上傳網路

有一陣子，網路上的留言清一色都是伊斯蘭國的話題。我認為這個新聞關係到各種立場的人，還有觀點不同的問題，所以最好一開始就什麼都不要說，我完全沒有在網路上發言。有些人透過推特徵求我的意見，我都裝作沒看到。因為政治、種族、宗教、恐怖主義等問題相當複雜，我也無法掌握當地的資訊，也覺得還好沒有就這件事輕率的發表自己的看法。

關於伊斯蘭國的討論

網路上的主流意見，通常都與媒體唱反調，但這次關於伊斯蘭國的討論卻剛好相反，或許是因為網友當中很少有人專精中東情勢，網路留言給我的感覺都是直接引用報紙或電視的報導，話題都被媒體帶著跑。

網路上熱議的主題包括日本政府的處理是否正確、被綁架的人是否該自負風險、贊不贊成伊斯蘭國的行動等等。不過，這些討論如果沒有記者提供當地的情報做為基礎，無論網路上有多少留言，最後或許都只是散布了媒體上粉飾過的消息。這讓我開始有點害怕。

關於這次的事件，我剛好有機會與熟悉中東情勢的專家常岡浩介先生討論。常岡先生說，關於伊斯蘭國一連串的報導中，有電視台邀請他上節目，但是只要他提出自己將在節目中表示「後藤健二先生原本有可能得救」的意見，節目就拒絕他出場，請他回去。

福島核災時，我很感謝有許多記者透過網路傳達當地的資訊，所以關於伊斯蘭國，我也覺得需要有人報導經過自己的眼睛與耳朵確認過的消息。

還有，看了關於伊斯蘭國的報導後，我的感想是：未來，網路上的資訊將左右國際糾紛或戰爭的結果。伊斯蘭國大量使用影音網站或留言板散布消息，而且似乎還有網路直播用的攝影棚。我也聽說人質家屬曾收到犯罪集團透過網路或電子郵件連絡。

一九九一年，波斯灣戰爭的轟炸影像透過電視播放出來時，被說成好像電視遊樂器的遊戲畫面一樣。但現在比當時更誇張，只要用手機，手指點一點，就能把戰場的影像上傳網路。

試用空拍機

接下來換個話題，說到戰場上誕生的技術，最近一般人也能使用商用空拍機了。能不能利用空拍機來發展空拍、運輸等創新事業，也成為大家討論的話題。

有人送我一部大約二十萬日圓的空拍機做為結婚禮物。我在前陣子拿到吉本興業在新宿的總公司試飛。空拍機的飛行高度受到航空法的限制，不能超過兩百公尺，但是透過搭載的運動攝影機「GoPro」，還是可以如Google地圖般，拍下總公司的「ㄇ」字型全景（總公司原本是小學校舍）。

運動攝影機上還搭載了GPS，就像掃地機器人電量過低時會自動回到充電座一樣，空拍機即使飛離視野，也能自動回到起飛的位置。充好電就能持續飛行十五分鐘，而且透過iPhone就能操作，使用起來相當容易。

現在空拍機也逐漸降價，低階機種有的甚至只要一萬～五萬日圓就能買到。或許在不久的將來，就能看見大量商業用途的空拍機在天上飛來飛去吧！政府似乎即將開始制定相關使用規範，為了不落後海外，希望政府可以通過方便使用的法規。

我現在的想法

繼連載之後，我已經弄壞三部空拍機了（笑）。因為寬敞又安全的地點，只有海邊或河邊之類的，如果沒有操縱好，就會飛到很遠的地方……

雖然透過iPhone就能操作，但是在需要高度技巧的時候，操作起來還是有難度。儘管空拍機附有浮具，但泡到水還是會壞掉。我覺得開設空拍機訓練班是有必要的，畢竟操作難度和遙控飛機還是有點不同。即便不用到像考汽車駕照那樣的程度，但最好還是有資格考試或檢定考試。空拍機上搭載了攝影機，操作時可以看到影像，但也因為這樣，空拍機屬於高科技機械，想要順利操作還是需要練習。

寫專欄時要價二十萬日圓的機種，現在已經降價到八萬日圓左右。隨著空拍機的量產，未來價格還會變得更低，性能也會大幅提升吧。我雖然想要利用空拍機將食物和飲水送到尼泊爾的震災區，但目前電池只能撐十五分鐘……

關於最新裝置的想法

上網裝置也開始具備健康面向

二〇一五年五月

蘋果的智慧手錶 Apple Watch 即將在四月二十四日開賣。我是 iPhone 使用者，所以也會關心與 iPhone 連動的周邊裝置賣得好不好。不過，對於蘋果開始賣「手錶」這件事，又該怎麼看呢？

其實我從以前就沒有戴手錶的習慣，我連一隻手錶也沒有。戴手錶總給我一種像是戴手銬般的拘束感。二十五歲時，我買了一隻勞力士手錶犒賞自己，最後也沒戴。G-SHOCK 流行的時候，我也和朋友一起排隊買了限定版，但我還是沒戴，手錶對我來說彷彿是不需要的東西。

在演藝圈工作難道不需要戴手錶嗎？我確實感受不太到戴手錶的必要性。主持現場直播的節目時，雖然會事先確認結束的時間，但也不會在中途一直看錶。錄影的時候也一樣，雖然會絞盡腦汁思考要在什麼時候將節目帶進高潮，卻不會一邊看錶一邊進行節目。

我覺得這點大家都一樣。明石家秋刀魚先生在主持《跳舞吧！秋刀魚殿下！》或《秋刀魚本色》的時候，雖然會在節目中看錶，但與其說他是在看時間，還不如說他只是想要營造出「已經沒時間了！」的緊迫感，否則他的錄影時間就不會拖那麼久了（笑）。不過，如果到了秋刀魚先生那種層級，或許看錶也有暗示工作人員「差不多該結束」的意思。就這層意義來看，把手錶當成擺手勢的工具，或許比當成看時間的工具更方便。

鎖定富人與中高年齡層

最近翻開流行雜誌，也會出現高級手錶特輯，看來手錶已經成為寶石或貴金屬一類的飾品，不再追求實用性了。尤其年輕人只要看手機就知道時間，我想不戴手錶的人應該很多。蘋果在這個時代選擇手錶做為新的裝置，真的繼承了賈伯斯的品味嗎？蘋果的老員工與新夥伴，應該會有不同的意見吧。

Apple Watch好像也會推出18 K金版本，這在中國富人之間應該會很暢銷吧。手錶這種機器，與電腦或手機不同，除了功能之外，時尚性與稀有性也會大幅影響其價值。我覺得蘋果看中這點推出高級款式，是很聰明的做法。即使在日本，鎖定願意把錢花在嗜好上的中高年人，或許也能賣得不錯。

Apple Watch 透過走路步數計算消耗的熱量，也能測量心跳，自動記錄每天行動的功能，對中高年人來說也很有吸引力。因為手錶會一直戴在身上，主打健康面向，這個做法也滿聰明的。最近也有越來越多裝置具備「lifelog」功能，能夠測量使用者每天的運動量、睡眠深度等等，並以數位資料的方式記錄下來，幫助使用者打造健康的身體。

不過，透過數位裝置記錄、管理自己每天的行動，真的是一件開心的事情嗎？在瀕臨絕種的海洋生物身上裝設發信機或攝影機，是為了觀察生態，但是把人類的所有隱私都上傳雲端，進行大數據分析，真的能夠帶來更美好的人生嗎？

為了守護「安全」與「健康」，用這個正當理由，換來的卻是隨時遭受監視的危險。要如何使用記錄在網路上的龐大個人資料並確保隱私，似乎將成為未來網路社會的一大課題。

震災還在持續

換個話題，三一一大地震已經過了四年。我因為《淳與隆的週刊評析》的節目企畫前往福島縣採訪。核電廠現在依然在修復中，我在附近遇到一名二十多歲的年輕人，正要搭公車往核電廠方向，他跟我握手，對我說：「小淳，我有看《男女糾察隊》喔！」

原來，這樣的年輕人，穿上防護衣，在核電廠揮汗如雨工作到精疲力盡後，會看我的節目放鬆心情。我也為他們盡了一份力……一想到這裡，我就胸口發熱。

實際看到震災的傷痕之後，老實說，我覺得震災還在持續。

我現在的想法

我看到 Apple Watch 的實品了，設計還是沒有跳脫手錶的框架。iPhone 不就跳脫了傳統手機的框架了嗎？但 Apple Watch 卻沒有帶來相同的驚喜感，同樣是用錶帶圈住手腕。我想要的是手錶會在不知不覺間出現在手腕上，又在不知不覺間回到充電器的驚喜感啊。雖然這麼想，不過買了之後，我還是用得很開心。

電視與網路的關係

培養一邊看電視，一邊上網的「雙視窗」習慣

二〇一五年六月

四月十日，茨城縣海邊發現有大約一百五十隻海豚擱淺，許多海豚因此死亡。這是一件令人痛心的事情，但網路上的反應卻耐人尋味。

事件是misono告訴我的，我知道之後，就立刻上網瀏覽新聞與留言。結果比起海豚的生死，網友更擔心：「這是不是重大災害的前兆？」似乎有外國人預言這段期間將會發生大地震，於是擔心預言成真的留言，在網路上到處流傳。

相較之下，電視的報導當然很冷靜，不會連結到「地震的前兆」這種因果關係不明的說法。我覺得電視做為有公信力的大眾媒體，這麼做是正確的。

最後，預言沒有說中，網友的熱度也冷卻下來。我再度體認到，網路雖然傳播速度快，能夠一下子挑起人們的情緒，有時候甚至會越傳越偏激，但要冷卻下來也很快。

雙視窗的時代

關於電視與網路的比較，最近在「謹慎」一詞的使用爭議上，我反而覺得如果只看大眾媒體，會被模糊焦點。

關於沖繩普天間基地遷移的問題，內閣秘書長指示沖繩縣知事要「謹慎」處理，但沖繩縣知事卻指責內閣秘書長的態度高高在上，內閣秘書長也做出退讓，承諾不再使用這個字。

我看了電視上關於這個爭議的報導後，覺得焦點都擺在用字遣詞的問題上，對於事件的背景，當地究竟發生了什麼事，卻只有輕輕帶過。但是，只要上網路新聞或推特，看當地的報導就知道，反對基地遷移的人，日復一日的在普天間基地的新預定地——邊野古的海邊，與海上保安廳發生衝突。

所以，當我們從電視等大眾媒體取得資訊的時候，如果也能同時使用手機上網查詢，就能避免立場偏頗。雖然網路上的資訊可能太偏激，但一邊看電視，一邊上網的「雙視窗」習慣依然不可或缺。

邊野古隔著海灣與度假區相望，我曾經住在對面的飯店。老實說，當地發生的事情令人看了相當難過，而且事態緊迫。但是離開那裡之後，媒體如果不報導，大家就會忘掉，我希望這個部分能夠靠網路補足。

淳君給我的訊息

最後我想聊一下淳君。他發表了切除聲帶的消息，我非常希望他能夠加油，也覺得他發表的方式很酷。

藝人向大眾報告自己的病況時，一般會傳真給媒體，請媒體公開消息，或者發表在部落格上。但淳君卻選擇在母校近畿大學、在他一手策畫的開學典禮上宣布，在學生面前表示自己也將邁向新的未來。

我覺得他也策畫了傑出的自己，是一位真正的表演者。我們一直有在互傳訊息，他這次也回我：「再一起去喝酒吧！」

他想學習食道發聲法，也是因為他是三個孩子的父親，覺得自己需要與孩子溝通，年紀小的小孩也不可能使用筆談。他連育兒的事情都認真考慮，真的很了不起。

我現在的想法

我的想法和連載當時相同，所以這邊就省略了。

後記

我在這本書上首度發表了自己的社交術。當我還是菜鳥的時候，曾經因為不希望同樣的手法遭到對手模仿，所以一直不想公開。而最近又覺得，這是身為三十五分男人的我，在中學時想到的方法，只要稍微思考一下，任何人應該都能想得出來，所以也不敢大放厥詞。

然而最近幾年，我透過網路了解年輕人的意見與煩惱之後，開始覺得，察覺社交術的重要性，並且在日常生活中實踐的人，其實很少吧。

尤其看了年輕人在網路上的留言之後，覺得他們生存似乎很不容易，卻又太在意別人的看法，不懂得社交。這樣下去真的沒問題嗎……雖然是三十五分男人的建議，但如果能夠帶給他們幫助的話，也沒什麼好藏私的，希望我的社交術能夠成為年輕人的參考。

即使現在已經過了四十歲，我依然覺得自己是三十五分的人。說不擔心將來是騙人的，因為我每天的生活都沒有任何保障。雖然場控是我的強項，但我既沒有上大學，也不會說外語……儘管如此，我也不能像小學二年級被霸凌時那樣低著頭忍耐。

現在的我，如果眼前出現敵人，我會與他對峙。我希望能夠掌握技巧，至少在對峙的瞬間能夠以五十分男人的身分，與對方好好周旋。身為一個三十五分男人，我想磨練社交術的旅程，今後也還會繼續下去。

有些人或許會誤以為我是個會深入思考的人，但其實我想的事情沒那麼難（笑）。我只是拚了命的想要生存下去而已。

三十五分男人的鐵則是，可以周旋，但絕對不能中傷他人。就算別人比自己能幹，也不能試圖把對方踢下去，因為其他人一定會看見自己試圖踢下別人的身影。討厭的人就算放著不管，他也會自然淘汰。我在演藝圈中見過很多這樣的人，偏離正道的行為，公司裡一定會有人看到。

除此之外，我也建議大家在面臨困境時，不要立刻採取直接的行動，最好先仔細觀察狀況，也試著聽別人說話，到時候必定會打開一條活路。

但無論多仔細聽別人說話、每天多努力學習優秀的人的想法，一定會有很多人在你成功發揮社交術的瞬間，暗地裡說你的壞話，譬如：「就只會耍小聰明！」「不過是棵牆頭草！」「他沒有自我！」「他只是活得特別順遂而已！」但是請不要在意，就我的經驗來說，聽從這些人的意見沒有好處，因為最後除了自己之外，沒有其他人會幫自己出頭。

剛到東京時，我完全沒有時尚品味，這時候我怎麼做呢？我就到知名的服飾店，買下店面的假人模特兒身上從頭到腳的所有衣服，直接穿在身上。因為假人身上的衣服都已經搭配好了嘛（笑）！不是高級服飾也沒關係，UNIQLO或思夢樂的衣服也可以，總之把假人身上的衣服全部買下來吧！

品味好的人聽了一定會批評：「好土！」「只是便宜行事！」「沒有個性！」但是不用在意，因為我也不在意這些批評。不知不覺中，我的衣櫃裡也蒐集了很多套衣服，本來只是拷貝假人身上的衣服，不過後來也模模糊糊的逐漸懂得如何搭配了。這時就能將這些衣服打散，嘗試各種自己喜歡的組合，讓這些衣服看起來像是自己挑的就行了。

我覺得「自我」什麼的，等我成為一百分的天才再來想就可以了。這樣的我，夢想著與這個國家的全體國民實際見面、聊天。為什麼我想見你們呢？因為我就像擺在服飾店的假人模特兒一樣，什麼都不懂，所以希望你們能夠告訴我一些我不知道的事情。

當然，現在的我是會出現在電視上的名人，我也不否認自己會盡可能利用這一點。但實際上，能夠發揮名人力量的時間，也只有剛開始見面、說話的前五分鐘，要是接下來再擺出一副名人的樣子，就會出現反效果。因為聊開了之後，就變成一對一的人際關係，這時最重要的社交術，就是不發表自己的意見，只要好好聽對方說話。

最後我想說的是，想要實踐我在這本書中告訴大家的社交術，唯一能做的就只有「練習」。雖然聽起來很無趣，但三十五分男人需要的就是「練習」。而且剛開始練習的時候，絕對不能把難度設定得太高，首先請以增加五分為目標。

舉例來說，與人交流的時候，不可能一下子成為受歡迎的人物，所以先學習當一個「失敗人物」吧！要當失敗人物，也需要在家裡反覆練習，就連「打翻茶水」這種失敗，也需要練習、練習，再練習。練習如何打翻茶水才能讓對方噗哧一笑，或是如何打翻茶水才能激發女性的母性本能。現在的手機可以錄影，所以只要一邊錄影，一邊試著練習就可以了。看起來像是故意打翻的嗎？表現得自然嗎？會不會做得太過火呢？

不只是失敗的練習，還有道謝、打招呼、回應等等，都要對著手機徹底練習，直到自己覺得「能夠把心意傳達給對方」、「這麼一來就可以建立起關係」為止，我想只要這麼做就能成功。

「對著手機練習，好像有點難為情……」請不要這麼想。我至今依然這麼認為，我剛到東京，住在原宿沒有浴室的公寓，錢包裡只剩下一千五百日圓的時候，是我最有活力、最有自信的時候。當我對著鏡子練習著該怎麼說「謝謝你！」的時候，確實有活著的感覺。

我想，這是因為當時的我不與其他人比較，一心只想著自己的事情，勇往直前。

另一方面，最近網路上流行的社群網站，就是一種讓人無論如何都會與其他人比較的工具。如果不知道他人的生存方式，就能自信滿滿的走自己的路。然而，一旦看了其他人的留言，就會拿來與自己相比，忍不住在意別人是怎麼看自己的。

既然我們無法拋棄手機，我覺得，那就要徹底了解網路的特性，反過來利用網路。想要爐火純青的使用最新科技，避免反遭科技玩弄，也需要不斷的練習，利用網路社交術，翻轉自己的人生！

田村淳教你如何受歡迎——日本綜藝天王寫給為人際關係而煩惱的你／田村淳著；林詠純譯 . -- 初版 . -- 台北市：時報文化，2017.5；300 面；15×21 公分；譯自：35 点男の立ち回り術
ISBN 978-957-13-6995-2（平裝）

1. 人際關係　2. 社交

541.76　106005969

ISBN 978-957-13-6995-2
Printed in Taiwan.

人生顧問 262

田村淳教你如何受歡迎——日本綜藝天王寫給為人際關係而煩惱的你

---

35 点男の立ち回り術

作者　田村淳｜**譯者**　林詠純｜**主編**　陳盈華｜**編輯**　劉珈盈｜**美術設計**　陳文德｜**排版**　吳詩婷｜**執行企畫**　黃筱涵｜**董事長・總經理**　趙政岷｜**總編輯**　余宜芳｜**出版者**　時報文化出版企業股份有限公司　10803 台北市和平西路三段 240 號 3 樓　**發行專線**—(02)2306-6842　**讀者服務專線**—0800-231-705・(02)2304-7103　**讀者服務傳真**—(02)2304-6858　**郵撥**—19344724 時報文化出版公司　**信箱**—台北郵政 79-99 信箱　**時報悅讀網**—http://www.readingtimes.com.tw｜**法律顧問**　理律法律事務所　陳長文律師、李念祖律師｜**印刷**　盈昌印刷有限公司｜**初版一刷**　2017 年 5 月 5 日｜**定價**　新台幣 320 元｜行政院新聞局局版北市業字第 80 號｜缺頁或破損的書，請寄回更換｜時報文化出版公司成立於 1975 年，並於 1999 年股票上櫃公開發行，於 2008 年脫離中時集團，非屬旺中，以「尊重智慧與創意的文化事業」為信念。